Paganismo para principiantes

Una guía esencial de las prácticas paganas celtas, nórdicas, eslavas, germánicas, griegas y la Rueda del Año

© Copyright 2024

Todos los derechos reservados. Ninguna parte de este libro puede ser reproducida de ninguna forma sin el permiso escrito del autor. Los revisores pueden citar breves pasajes en las reseñas.

Descargo de responsabilidad: Ninguna parte de esta publicación puede ser reproducida o transmitida de ninguna forma o por ningún medio, mecánico o electrónico, incluyendo fotocopias o grabaciones, o por ningún sistema de almacenamiento y recuperación de información, o transmitida por correo electrónico sin permiso escrito del editor.

Si bien se ha hecho todo lo posible por verificar la información proporcionada en esta publicación, ni el autor ni el editor asumen responsabilidad alguna por los errores, omisiones o interpretaciones contrarias al tema aquí tratado.

Este libro es solo para fines de entretenimiento. Las opiniones expresadas son únicamente las del autor y no deben tomarse como instrucciones u órdenes de expertos. El lector es responsable de sus propias acciones.

La adhesión a todas las leyes y regulaciones aplicables, incluyendo las leyes internacionales, federales, estatales y locales que rigen la concesión de licencias profesionales, las prácticas comerciales, la publicidad y todos los demás aspectos de la realización de negocios en los EE. UU., Canadá, Reino Unido o cualquier otra jurisdicción es responsabilidad exclusiva del comprador o del lector.

Ni el autor ni el editor asumen responsabilidad alguna en nombre del comprador o lector de estos materiales. Cualquier desaire percibido de cualquier individuo u organización es puramente involuntario.

Su regalo gratuito

¡Gracias por descargar este libro! Si desea aprender más acerca de varios temas de espiritualidad, entonces únase a la comunidad de Mari Silva y obtenga el MP3 de meditación guiada para despertar su tercer ojo. Este MP3 de meditación guiada está diseñado para abrir y fortalecer el tercer ojo para que pueda experimentar un estado superior de conciencia.

https://livetolearn.lpages.co/mari-silva-third-eye-meditation-mp3-spanish/

¡O escanee el código QR!

Índice

INTRODUCCIÓN 1
CAPÍTULO 1: ¿QUÉ ES EL PAGANISMO? 3
CAPÍTULO 2: PAGANISMO CELTA Y DRUIDISMO 15
CAPÍTULO 3: ASATRU, EL PAGANISMO NÓRDICO 27
CAPÍTULO 4: PAGANISMO GERMÁNICO 41
CAPÍTULO 5: PAGANISMO ESLAVO 53
CAPÍTULO 6: POLITEÍSMO GRIEGO 65
CAPÍTULO 7: WICCA, UNA VISIÓN NEOPAGANA 77
CAPÍTULO 8: APLICACIÓN DE CREENCIAS PAGANAS EN LA VIDA DIARIA 89
APÉNDICE: RUEDA DEL AÑO DE A A Z 99
CONCLUSIÓN 106
VEA MÁS LIBROS ESCRITOS POR MARI SILVA 108
SU REGALO GRATUITO 109
REFERENCIAS 110

Introducción

¿Qué es el paganismo? ¿Es una religión antigua o una práctica moderna? ¿Existe hoy en día? ¿Cómo se ve actualmente? Estas son algunas de las preguntas que se escuchan sobre el paganismo a medida que crece el interés en esta tradición de larga data. Muchos se sienten atraídos por la idea de honrar a la naturaleza y rendir homenaje a las deidades generalmente olvidadas por la sociedad moderna. Sin embargo, con las diversas culturas que se unen para compartir sus conocimientos en el siglo XXI, puede ser difícil determinar los componentes específicos de las tradiciones paganas.

Cada creencia conforma su marco único, desde la Wicca hasta el asatru y otras prácticas que han influido en el mundo actual. Explorar el paganismo brinda muchas oportunidades para la autorreflexión y la comprensión de culturas antiguas y prácticas modernas que continúan fascinando a los académicos de todo el mundo. Este libro lo ayudará a explorar la historia y la práctica de estas religiones, desmitificándolas y brindando consejos prácticos para usar el paganismo en su vida cotidiana.

El paganismo es un término general que abarca una amplia variedad de creencias y prácticas espirituales, desde la Wicca y el druidismo hasta el Asatru y el panteísmo. Estas religiones se basan en tradiciones arraigadas en la naturaleza que se han practicado desde antes de la historia registrada. Cada uno presenta rituales, símbolos, prácticas y formas de vivir en armonía con el mundo natural.

Este libro proporciona una descripción general fácil de entender de las diversas formas de paganismo para tomar una decisión más informada sobre el camino correcto para usted. No importa cuál sea su nivel de conocimiento o experiencia con estas prácticas, este libro le dará todo lo necesario para comenzar su viaje personal hacia el paganismo. El libro le ofrece todos los recursos necesarios, desde la comprensión de conceptos básicos y el descubrimiento de sus raíces hasta la exploración de los rituales realizados por los neopaganos.

Este esclarecedor libro profundiza en varias culturas paganas, proporcionando una mirada intrigante a cada perspectiva. Usted será guiado con hechos e historias interesante de las prácticas religiosas, como la Wicca o las doctrinas de los celtas-druidas. Además, los lectores obtendrán también una mayor comprensión de las culturas paganas Asatru, eslavas y germánicas con detalles sobre sus respectivos rituales, fiestas, supersticiones y espiritualidad. Si bien este libro es perfecto para cualquiera que desee aprender sobre la cultura pagana o comparar múltiples culturas, es invaluable para aquellos neopaganos experimentados que deseen más información sobre sus creencias y las de los demás.

Si recién está comenzando su búsqueda espiritual o está buscando una introducción al fascinante mundo del paganismo, "Paganismo para principiantes" es la opción perfecta. El libro contiene todo lo necesario, desde información básica sobre esta antigua práctica hasta relatos detallados de poderosos rituales para profundizar la conexión espiritual. Presenta un lenguaje de fácil comprensión, por lo que incluso los principiantes pueden comenzar rápidamente sin problemas. No espere más. Comience su viaje ahora.

Capítulo 1: ¿Qué es el paganismo?

Intuitivamente, el paganismo a menudo se malinterpreta como un sistema de creencias extrañas para muchas personas. Este capítulo explora con mayor detalle lo que implica el paganismo, quiénes eran los paganos y cómo los neopaganos han interpretado estas creencias en la actualidad. Si bien los antiguos conceptos paganos se vinculan regularmente con la naturaleza y sus poderosas deidades, también incorporaron festivales especiales en sus tradiciones y rituales, que marcan el cambio de estaciones durante todo el año. Los principios paganos enseñaban valiosas lecciones de vida, como la moralidad o comportamiento ético y la espiritualidad de adoración, y también alentaban a las personas a conectarse con un propósito de vida más profundo.

Los paganos tenían rituales para el cambio de estaciones
https://pixabay.com/images/id-6982525/

Paganismo

El paganismo es un término general para describir una amplia gama de creencias y prácticas espirituales y religiosas basadas en tradiciones precristianas. Por lo general, es politeísta, lo que significa que adoran a múltiples dioses o diosas. El paganismo abarca varios sistemas de creencias modernos y antiguos, incluidos los basados en la mitología, el folclore, el misticismo y el chamanismo. Estas creencias son animistas: ven a la naturaleza como viva y con su propio espíritu.

El paganismo se basa en una reverencia por la naturaleza y un respeto por la interconexión entre todos los seres vivos. Enfatiza la responsabilidad personal, el equilibrio entre los ámbitos físico y espiritual, el respeto por la sabiduría de los ancianos y la apertura para aprender cosas nuevas. Los paganos creen que la divinidad existe en todos los aspectos de la vida, no solo en las deidades, sino también en las personas, animales, objetos, lugares y plantas.

El paganismo tiene una rica historia en muchas culturas de todo el mundo. Se puede ver en la antigua religión griega, la mitología nórdica, el paganismo celta, el paganismo eslavo de Europa del Este, el paganismo báltico y en la espiritualidad de los nativos americanos. Ha ido ganando cada vez más fuerza en la sociedad moderna a medida que más personas buscan reconectarse con sus raíces ancestrales a través de prácticas espirituales alternativas.

Las creencias paganas fundamentales incluyen:
- Respeto por la naturaleza y el medio ambiente
- Reverencia por los antepasados
- Interconexión de todas las vidas
- Equilibrio entre cuerpo, mente y espíritu
- Rituales para mantenerse conectado con el ser interior divino
- Creencia en la magia
- Invocación de deidades
- Uso del simbolismo como medio de comunicación con lo divino
- Honra a los aspectos masculinos y femeninos de la divinidad (duoteísmo)

- Un sistema relacionado con los sentidos en lugar de doctrina o dogma
- Intencionalidad en lugar de reglas predeterminadas

Los paganos a menudo practican su fe a través de ceremonias, como la "unión de manos" (ceremonias de matrimonio), "sabbats" (festivales estacionales) o "esbats" (rituales lunares). Las herramientas comunes utilizadas durante estas ceremonias incluyen velas, hierbas, piedras y otros artículos de la naturaleza. No hay una "forma correcta" de practicar el paganismo, ya que cada individuo tiene su propia interpretación de lo que significa.

Creencias paganas

Los paganos de antaño eran politeístas. Creían en múltiples dioses y diosas que habitaban el mundo natural. Creían que estos dioses y diosas eran responsables de los diversos aspectos de la vida, como la fertilidad, la muerte, la guerra, el amor y la justicia. Los paganos se veían a sí mismos conectados con sus dioses y diosas a través de una relación compartida entre los reinos divino y terrenal.

Los paganos respetaban profundamente el mundo natural, creían que todas las partes de la naturaleza, árboles, ríos, montañas y animales, estaban vivas con energía espiritual. Esta energía espiritual era vista como un conjunto de fuerzas divinas que trabajaban en el medio ambiente y entre todos los seres vivos. Los paganos a menudo celebraban rituales y ofrendas en lugares sagrados durante todo el año para honrar estas energías espirituales.

Además, algunos paganos creían en la reencarnación o el renacimiento después de la muerte en función de las acciones de una persona durante su vida. Esta creencia en el karma significaba que una persona sería recompensada o castigada dependiendo de cómo viviera su vida. Los paganos mantenían varios principios de moralidad, como honrar a los antepasados y respetar los ciclos de la naturaleza. Para ellos, la moralidad era esencial para mantener el equilibrio en el mundo.

Pensamientos paganos sobre cosmología

Los pensamientos paganos sobre la creación o la cosmología varían mucho entre culturas. Sin embargo, todas las tradiciones paganas comparten un tema común: comprender la interconexión de toda la vida y la naturaleza cíclica de la existencia.

En la mitología griega, la creación comenzó con el Caos. Este vacío primordial estaba lleno de potencialidad, y de allí nacieron Gaia (Tierra), Tártaro (el inframundo), Eros (amor) y la Noche. Gaia dio a luz a Urano (cielo), y crearon a los Titanes y Cíclopes, que más tarde ayudarían a crear humanos a partir de arcilla. Esta idea de una pareja divina creando todo influyó enormemente en la antigua cultura griega, y formó la base de mucha mitología y arte.

El Panteón Nórdico consta de varios dioses, incluidos Odín y Thor, responsables de dar forma a su mundo en la creación. Según la cosmología nórdica, este mundo se creó cuando Ymir, un gigante, emergió de las aguas heladas de Ginnungagap. Los dioses construyeron Midgard (Tierra) a partir de partes de su cuerpo mientras su sangre se convertía en océanos, su cerebro creaba nubes y su cráneo formaba el cielo. Además, estos dioses son responsables de controlar el destino, lo que se puede ver en las historias de Ragnarok, donde luchan contra gigantes para restaurar el orden en el universo.

En la Wicca, la creación es parte de un ciclo eterno reflejado en su versión de la Rueda del Año: ocho festivales que marcan los principales eventos a lo largo de cada temporada, como Samhain o Mabon. Estas celebraciones son un recordatorio de que la vida no es lineal, sino que se mueve en ciclos y el círculo se completa cada año; las personas experimentan la muerte para que una nueva vida pueda volver a nacer. La Wicca ve la vida como energía sagrada que existe dentro de todo, incluidas las plantas, los animales y las rocas, por eso que creen que es importante respetar todas las formas de vida viviendo en equilibrio con la naturaleza en vez de tratar de controlarla a través de la tecnología o la ciencia.

El druidismo es otra forma de paganismo que se centra en la espiritualidad sobre la teología, pero aún tiene una visión única sobre la creación o la cosmología. Un ejemplo está en su versión de la Tríada, los tres elementos que componen la existencia: fuego, agua y aire, respectivamente, que representan la pasión y la inspiración (fuego), la creatividad (agua) y el poder (aire). Estos tres elementos trabajan juntos en armonía para crear equilibrio en la vida. Los druidas se centran en gran medida en prácticas rituales como la meditación o el canto para mantener estas energías alineadas dentro de sí y comprender mejor su lugar en el universo.

Las creencias paganas sobre la creación o la cosmología varían mucho entre culturas, pero generalmente implican un profundo respeto por los ciclos dentro de la naturaleza o las conexiones entre los seres divinos que dan forma a la realidad. Ya sea que el Caos dé a luz a Gaia o que Ymir sea utilizado como base para Midgard por Odín y Thor, siempre hay un entendimiento de que la vida es frágil. Sin embargo, está en constante evolución debido a fuerzas poderosas más allá de la comprensión humana que deben equilibrarse si se quiere que exista paz y armonía dentro de uno mismo y en el medio ambiente.

Deidades paganas

Las deidades paganas son dioses y diosas, a menudo politeístas, adorados por los seguidores del paganismo. Estas deidades a menudo representan fuerzas naturales, como el Sol y la Luna, la fertilidad, el amor, la muerte y la destrucción. Estas deidades eran muy veneradas en las sociedades antiguas que se extendían desde Europa hasta Asia Menor.

Ejemplos de deidades paganas incluyen:
- El panteón griego de dioses y diosas como Zeus, Atenea, Apolo y Afrodita
- Dioses nórdicos como Odín, Thor y Freya
- Dioses celtas como Lugh y Brígida
- Figuras druidas como Cerridwen
- Dioses hindúes como Shiva y Vishnu
- Deidades egipcias antiguas como Isis y Horus
- Dioses mesopotámicos como Marduk e Ishtar
- Dioses persas como Ahura, Mazda y Mitra
- Deidades eslavas como Perún y Veles.

Los antiguos griegos creían que su panteón de doce dioses olímpicos era responsable de todos los aspectos de la vida, desde lo mundano hasta lo extraordinario. Controlaban el clima, determinaban los acontecimientos políticos e inspiraban grandes hazañas de coraje en los campos de batalla.

Los principales dioses griegos incluían:
- Zeus (rey de los dioses)
- Poseidón (dios del mar)

- Hades (dios del inframundo)
- Hera (reina del Olimpo)
- Apolo (dios de la luz)
- Hermes (dios mensajero)
- Afrodita (diosa del amor)
- Hestia (diosa del hogar)
- Afina (la diosa de la sabiduría)
- Ares (dios de la guerra)
- Deméter (diosa de la cosecha)
- Artemisa (diosa de la caza).

En la mitología nórdica, Odín es considerado el Padre absoluto o "el Dios Padre", mientras que Thor es considerado como "el Tronador" o dios asociado con las tormentas eléctricas. Otros dioses nórdicos importantes son Freyja, una diosa de la fertilidad asociada con la magia y el culto a la naturaleza, y Balder, conocido como "el dios brillante" debido a su belleza y bondad. Freyja se asocia con ritos y rituales de fertilidad que incluyen los "seidr", una antigua magia chamánica practicada en el norte de Europa mucho antes de que el cristianismo echara raíces.

Los celtas adoraban a numerosos dioses, incluido Dian Cecht, conocido por la curación y las artes, y Lugh, un poderoso dios del Sol asociado con la protección y la justicia. Los espíritus ancestrales eran tenidos en alta estima por los paganos celtas. Los druidas creían que eran mensajeros entre este mundo y el otro mundo, donde interactuaban con guías espirituales o antepasados cuando buscaban guía. Brígida era una diosa poderosa asociada con el fuego, la poesía, la escritura y la metalurgia. Cernunnos era una de las deidades más populares entre los druidas y se asociaba con los animales y los ritos de fertilidad.

En el hinduismo hay numerosos dioses. Todos representan diferentes aspectos. Los tres principales son Brahma, dios creador; Vishnu, dios protector; y Shiva, dios destructor. El concepto de trinidad proviene de estos tres dioses principales que representan diferentes aspectos de la creación, la preservación y la destrucción. Muchos otros dioses hindúes incluyen:

- Ganesha, un señor con cabeza de elefante que elimina obstáculos
- Kali, o Parvati, tiene múltiples formas dependiendo de la región en la que se la adora
- Lakshmi, diosa de la riqueza y la abundancia
- Saraswati, diosa de la música, el conocimiento, el arte y la educación

Los antiguos egipcios tenían muchos dioses que representaban las fuerzas naturales. Los faraones eran vistos como manifestaciones de varias entidades divinas: Horus, el dios cielo; Ra, la deidad solar; Isis, la diosa de la maternidad y la magia; y Osiris, el dios de la muerte y el más allá.

La mitología eslava tiene varios dioses primarios, casi todos representados por árboles: Perún, el dios de la tormenta eléctrica; Jarilo, el dios guerrero de la primavera; Kupala, el dios doncella del agua; Morana, la diosa del invierno; Veles, el gobernante del inframundo; Stribog, el señor del viento; Dazbog, el conductor del carro del Sol; y Radegast, el señor de la hospitalidad.

Importancia de la naturaleza

La naturaleza era extremadamente importante para los paganos porque simbolizaba el poder sagrado y divino de la vida. Para los paganos, la naturaleza era considerada una entidad viviente infundida de energía espiritual. Por lo tanto, al participar en rituales y ceremonias dentro de la naturaleza, podrían aprovechar este poder espiritual y usarlo para traer equilibrio y armonía a sus vidas. Los paganos consideraban la naturaleza como una encarnación de los dioses, diosas y otras deidades que adoraban. Celebraban festivales durante todo el año para honrar a las deidades y rendirles homenaje de acuerdo con los ciclos naturales de la vida.

Además de su significado espiritual para los paganos, la naturaleza era una fuente de necesidades prácticas, como refugio, comida, medicina y ropa. Al confiar en la naturaleza para sobrevivir, los paganos desarrollaron un profundo respeto por ella. Además, las sociedades paganas se basaban en gran medida en la agricultura, lo que significa que sus medios de vida estaban inextricablemente vinculados a la generosidad de la naturaleza. Esta conexión fortaleció su reverencia por la naturaleza. Los ciclos de vida dentro de la naturaleza (nacimiento y muerte, crecimiento y decadencia) eran vistos como símbolos de transformación y renovación, sirviendo como recordatorios de que la vida es sagrada y debe ser respetada.

Por ejemplo, en la antigua Grecia, el dios Pan representaba todos los aspectos de la naturaleza a través de su conexión con los bosques y las selvas. Era conocido como el dios de la fertilidad, el pastoreo e incluso la música, simbolizando el poder de la naturaleza de proporcionar sustento y alegría. La naturaleza era una fuente de curación y transformación para dolencias físicas o necesidades espirituales. El oráculo griego de Delfos se basaba en elementos naturales, como árboles, manantiales de agua y humo de animales sacrificados, para obtener respuestas a las preguntas de quienes visitaban.

En la cultura nórdica, la naturaleza era esencial para comprender el mundo que los rodeaba. Los dioses a menudo se asociaban con ciertos elementos de la naturaleza: Odín con el viento (y la batalla), Thor con el trueno (y la protección) y Freya con la fertilidad (y el amor). Se vinculaba a las deidades con fuerzas específicas para explicar por qué sucedían ciertas cosas en sus vidas. Esto les ayudaba a comprender su entorno, incluidos los patrones climáticos impredecibles, las malas cosechas y las migraciones de animales.

La Wicca también reverencia la naturaleza. Creen que la naturaleza está conectada a la energía divina porque puede dar vida y quitarla si no se respeta adecuadamente. Realizan rituales dentro de entornos naturales como bosques o prados para honrar el espíritu de la Tierra mientras buscan orientación o protección. Los wiccanos usan plantas para hechizos y pociones mientras celebran importantes transiciones estacionales durante todo el año, conectándose espiritualmente con ciclos como los de los animales o las plantas.

Los druidas veneraban los árboles y los bosques, creyendo que tenían poderes curativos y podían comunicar mensajes entre ellos y sus dioses.

En general, para estas culturas paganas, la naturaleza proporciona una vía para comprender los misterios de la vida. Al observar los ciclos dentro de su inmensidad, podrían establecer conexiones entre sus creencias y las experiencias cotidianas más fácilmente de lo que las religiones modernas suelen permitir. La naturaleza era esencial para la supervivencia en tiempos difíciles. Ella podía proporcionar la esperanza de un mañana mejor y por eso era muy valorada por estas antiguas sociedades.

Temporadas y festivales paganos

Los paganos celebraban los ciclos de las estaciones y el cambio de luz y oscuridad durante todo el año. Los festivales, o días santos, generalmente comenzaban al atardecer de la noche anterior y duraban varios días.

La Rueda del Año era un ciclo de ocho festivales conocidos como "sabbats". Cada uno marcaba un momento importante en el ciclo de la naturaleza y una celebración a ser celebrada.

Los sabbats eran:
- Imbolc (1 de febrero)
- Ostara (equinoccio de primavera, alrededor del 21 de marzo)
- Beltane (1 de mayo)
- Litha (solsticio de verano, alrededor del 21 de junio)
- Lammas (1 de agosto)
- Mabon (equinoccio de otoño, alrededor del 22 de septiembre)
- Samhain (1 de noviembre)
- Yule (solsticio de invierno, alrededor del 21 de diciembre)

Durante cada temporada, los paganos se reunían para rendir homenaje a sus dioses, agradecer a la Madre Naturaleza por su generosidad y honrar a sus antepasados que se habían ido antes que ellos.

En el Imbolc, los paganos celebraban el regreso de la luz después de la larga oscuridad del invierno. Se inicia con ceremonias de fuego, honrando a Brígida y encendiendo velas para indicar su fuerza. Cantaban bendiciones sobre las semillas que plantarían en el suelo primaveral, una forma simbólica de honrar los ciclos naturales.

Ostara marca el punto donde la noche y el día son iguales, conocido como equilibrio o armonía entre las energías de la luz y la oscuridad. Tradicionalmente se celebra con rituales que involucran huevos, símbolo de una nueva vida que emerge de la oscuridad. Muchos paganos se reúnen en círculo y comparten historias sobre nuevos comienzos mientras intercambian huevos de colores llenos de símbolos de buena fortuna.

En el Mabon, que marca el equinoccio de otoño cuando el día se convierte en noche de nuevo, los paganos reflexionan sobre lo lejos que han llegado desde la primera luz de la primavera. Ha llegado el momento de la cosecha, y es momento de deleitarse con frutas y verduras recién recolectadas. Es común hornear pan con granos cosechados durante este período o hacer ofrendas de manzanas, alimento asociado a la diosa de la fertilidad Deméter que preside las celebraciones del Mabon.

El Samhain marca el final del crecimiento y la abundancia del verano y el comienzo del largo frío del invierno. Los paganos honran a sus antepasados organizando rituales para ayudar a sus espíritus a encontrar la paz en ese plano y no quedarse entre los mortales más de lo necesario. Las personas preparan alimentos como pasteles de manzana o tubérculos asados como ofrendas a sus seres queridos fallecidos. Se pensaba que estas ofrendas nutrían a las almas cuando más lo necesitaban durante su viaje más allá del reino físico hacia el mundo de los espíritus.

El neopaganismo y sus creencias modernas

El neopaganismo es un movimiento espiritual moderno que busca reconectarse con las antiguas creencias y prácticas de las religiones indígenas precristianas. Los neopaganos intentan revivir y recrear los rituales, sitios sagrados, dioses y diosas del viejo mundo. Se basan en muchas fuentes, incluida la evidencia arqueológica, las tradiciones populares y los textos históricos. Si bien muchos grupos neopaganos comparten algunas creencias básicas comunes, cada uno tiene costumbres y prácticas únicas.

El término "neopagano" fue utilizado por primera vez en la década de 1950 por George Russell en su libro "The Worship of Nature" (culto a la naturaleza), que buscaba reunir varios aspectos del paganismo. Desde entonces, varios grupos han buscado revivir la religión dentro de su contexto cultural. Los neopaganos adoptan varios sistemas de creencias, incluidos la Wicca, el druidismo, el chamanismo, el reconstruccionismo celta y el paganismo. A menudo practican celebraciones estacionales o lunares conocidas como sabbats o esbats para conectarlos con sus antepasados y ciclos de la naturaleza. Muchos neopaganos practican magia o hechizos para la curación o la protección, incluidos remedios herbales o hechizos que utilizan los cuatro elementos (tierra, aire, fuego y agua).

Los neopaganos se adhieren a un código ético basado en la conciencia de la interconexión entre las personas y todas las demás criaturas de la naturaleza (conocida como "la red de la vida"). Por lo tanto, muchos neopaganos buscan vivir en armonía con la naturaleza evitando actividades como la quema de combustibles fósiles o la caza excesiva de animales y participando en proyectos ecológicos como plantar árboles o limpiar playas. Los neopaganos están muy preocupados por los problemas ambientales, como el calentamiento global, la contaminación y la extinción de especies debido a la actividad humana.

Muchos grupos neopaganos enfatizan la importancia de construcción de una comunidad. Creen que es importante reunirse regularmente con amigos y familiares para celebrar su fe y disfrutar de la compañía del otro. Estas reuniones a menudo incluyen banquetes (incluidos platos vegetarianos), narración de cuentos, canto, baile, tambores, pintura, música, rituales, hogueras y otras actividades que celebran la vida en vez de enaltecer una deidad o evento en particular.

El hecho de que los neopaganos de hoy en día tengan creencias similares y lleven a cabo costumbres o prácticas similares a sus predecesores depende en gran medida de lo que consideran "predecesores". Por ejemplo, algunos wiccanos contemporáneos se basan en gran medida en la antigua tradición celta, mientras que otros se basan en el paganismo nórdico. Ambos difieren del hinduismo tradicional a pesar de tener algunos conceptos compartidos, como adorar a múltiples deidades o reverenciar los ciclos de la naturaleza. Del mismo modo, las diferentes ramas de los druidas tienen diferentes creencias sobre la vida después de la muerte. Por ejemplo, los hindúes podrían no considerar una vida después de la muerte (o tener diferentes puntos de vista, dependiendo de las sectas).

Muchas prácticas neopaganas contemporáneas se alinean perfectamente con las de la antigüedad.

- Honrar a varios dioses y diosas
- Lugares sagrados
- Veneración a los antepasados
- Festivales de temporada
- Tradiciones orales

- Objetos naturales utilizados ritualísticamente
- Meditación
- Adivinación
- Remedios herbales
- Sacrificio animal
- Ofrendas
- Danza salvaje
- Trances
- Tambor
- Canto
- Poesía
- Fabricación de máscaras

Además, muchos neopaganos se centran en gran medida en deidades específicas, como Odín, Freya, Brígida, Atenea y Apolo. Estos dioses a menudo tienen características específicas celebradas a través de observancias religiosas, comportamientos característicos, cantos consuetudinarios, mitologías, obras de arte, cuentos e historias y símbolos. Por supuesto, incluso entre aquellos que practican creencias similares, hay variaciones dependiendo de las preferencias individuales, la cultura, la sociedad y la región. Por lo tanto, cuando se discuten las similitudes entre los neopaganos modernos, siempre habrá diferencias entre individuos o grupos. Sin embargo, la mayoría de los neopaganos honran ciertos principios básicos, como el respeto por la naturaleza, el honor a los dioses femeninos y masculinos, el mantenimiento de una conexión con los antepasados y la celebración de los ciclos de vida y muerte.

Capítulo 2: Paganismo celta y druidismo

Los términos "paganismo celta" y "druidismo" a menudo se usan indistintamente. Ambas creencias se originaron en países europeos similares, como Irlanda y Escocia, y compartían muchas similitudes. Sin embargo, no son lo mismo, y sus diferencias dan a cada creencia su propia identidad y características.

Este capítulo explica el druidismo y el paganismo celta, destaca sus diferencias y analiza los mitos, deidades, rituales y festivales celtas.

Paganismo celta vs. druidismo

Los celtas eran un grupo de tribus de Europa central que compartían el mismo idioma, cultura, tradiciones y creencias religiosas. Curiosamente, los eruditos modernos se referían a ellos como "celtas", pero nadie sabe cómo se llamaban originalmente. Se cree que cada tribu tenía su propio nombre en lugar de tener un término general como los imperios griego o romano.

Practicaban el paganismo celta, una antigua religión politeísta que adoraba a más de una deidad y contaban con diferentes prácticas y creencias espirituales. Creían que sus dioses existían en todo lo que los rodeaba, por lo que veneraban mucho la naturaleza.

El druidismo era una religión chamánica originada en Gran Bretaña, particularmente en Gales. Implicaba comunicarse y trabajar con los espíritus y creer en el poder de la medicina holística para causar y tratar enfermedades. La religión formaba parte de la cultura celta, de ahí su asociación con el paganismo celta. Era una creencia religiosa y una práctica mágica.

Los druidas consideraban que los robles eran sagrados
https://unsplash.com/photos/KnBHXJzqIRs?utm_source=unsplash&utm_medium=referral&utm_content=creditShareLink

Los druidas eran sacerdotes celtas y líderes de la religión celta y el druidismo. La palabra *druida* se deriva de la palabra celta *doire*, que significa "roble" o "sabiduría". Los druidas consideraban que el roble era el más sagrado de todos los árboles.

Eran extremadamente sabios y conocedores y actuaban como jueces, filósofos, eruditos y médicos, conectando a las personas con sus deidades. Desempeñaban un papel muy importante en la sociedad celta; reyes y campesinos a menudo buscaban su sabiduría. Desafortunadamente, los druidas transmitieron sus enseñanzas oralmente y prohibieron a sus seguidores y estudiantes usar la palabra escrita. Como resultado, la mayoría de la información que los académicos tienen sobre el paganismo celta y los druidas es conocimiento de segunda mano.

Julio César invadió Gran Bretaña en el 55 a. C. Fue testigo en primera persona de los druidas y su influencia. En su libro, "The Gallic Wars" (De bello Gallico), mencionó que eran figuras clave en la fe celta, realizaban deberes religiosos, interpretaban todos los aspectos de la religión y eran muy respetados entre las personas que a menudo recurrían a ellos para resolver disputas. Incluso utilizaban su influencia para evitar guerras. Añadió que cuando una persona cometía un delito, los druidas tenían el poder de juzgar.

César también mencionó en su libro cómo los druidas instaron a sus miembros a memorizar todas sus enseñanzas y creencias religiosas en lugar de escribirlas porque no querían que su conocimiento se extendiera entre los plebeyos.

Los druidas eran tan poderosos e intocables que las leyes y reglas celtas no aplicaban para ellos. Por ejemplo, no tenían el deber de servir en el ejército ni pagar impuestos. Eran diferentes de los paganos celtas, de la misma manera que una persona común difiere de un sacerdote. Influían en la gente con su conocimiento y poder, y los paganos celtas buscaban su ayuda en todos los asuntos.

Ambas religiones creían en el más allá, adoraban múltiples deidades y honraban la naturaleza, por lo que la gente a menudo las confunde. El paganismo celta es un término amplio que describe a todos los paganos de la sociedad celta, incluidos los druidas. Sin embargo, el druidismo se refiere a un grupo de personas dentro de los celtas. En otras palabras, todos los druidas eran paganos celtas, pero no todos los paganos celtas eran druidas. El druidismo se centraba más en la naturaleza y la magia que en la mitología y la cosmología, que eran importantes en el paganismo celta.

Hoy en día, el druidismo es un camino espiritual y una forma de vida, pero algunas personas todavía lo tratan como una religión. Se convirtió en una creencia diversa que acogía a personas de todas las religiones, incluidos los paganos celtas. Sin embargo, no todos son politeístas. También pueden ser monoteístas (adorar a un dios), duoteístas (adorar a dos dioses), panteístas (creer que Dios es el universo) o animistas (creer que todo tiene un espíritu, incluidos los objetos inanimados). Sin embargo, una cosa que todos tienen en común es que la naturaleza es sagrada.

Los paganos neocélticos o el reconstruccionismo celta se basa en las antiguas creencias celtas y la incorporación de sus prácticas en la sociedad moderna. Al igual que sus antepasados, son politeístas y veneran la naturaleza. Está separado del neodruidismo, ya que cada religión tiene su propia identidad.

El sistema de creencias celta y la espiritualidad

Los paganos celtas veneraban mucho la naturaleza, especialmente los árboles que consideraban sagrados, y adoraban a sus deidades en entornos naturales como acantilados, arbustos, ríos y lagos. Tenían en alta estima a la luna, las estrellas y el sol y los creían sobrenaturales. Consideraban sagrados a animales como caballos, toros, ciervos y jabalíes y, a menudo, los dibujaban en armaduras y armas para su protección.

Los paganos celtas adoraban a más de 400 dioses y diosas y apaciguaban a sus deidades ofreciéndoles su comida, bebidas, armas y objetos valiosos favoritos. A diferencia de las antiguas deidades romanas y griegas, no tenían características humanas. En otras palabras, no tenían debilidades, ni estaban influenciados por los deseos mundanos. Los celtas creían que las deidades controlaban el universo y la humanidad e influían enormemente en la vida cotidiana de las personas.

Dado que los celtas veneraban la naturaleza, asociaban a sus dioses y diosas con entornos y fenómenos naturales como el rayo y el sol. Muchas de sus deidades se presentaban como un trío que representaba tres aspectos de la divinidad. Por ejemplo, la diosa Matronae era una diosa triple asociada con la fertilidad, el poder y la fuerza.

Aunque tenían una deidad para todo, como la luna, el sol, la hospitalidad y el azar, el enfoque principal estaba en los dioses y diosas asociados a las principales preocupaciones de las personas, como la protección, la curación, la guerra, la caza y la identidad tribal.

Creían en seres sobrenaturales como elfos y hadas que, para ellos, existían en la naturaleza y eran criaturas muy poderosas. Podían ayudar y bendecir a la humanidad, pero si eran maltratados, revelarían su lado feo y causarían daño y enfermedad.

Los celtas creían en otra vida, lo que queda claro en sus rituales funerarios. Enterraban a la realeza y a los ricos con todas sus pertenencias, como comida, utensilios, cerámica, joyas, ropa, juegos de mesa, armaduras, armas y todo lo necesario para su viaje al inframundo. Sus líderes y personas prominentes en el estado eran enterrados en cámaras forradas de madera, vestidos con su mejor atuendo.

Aunque no se sabe mucho sobre su concepto de vida después de la muerte, los estudiosos creen que los celtas consideraban el otro mundo como lo mismo que esta vida, pero sin sus aspectos negativos como el dolor, el sufrimiento, la pérdida y las enfermedades. Como resultado, no temían a la muerte y la recibían con alegría. La cremación era común en el paganismo antiguo, concepto que tomaron prestado de las culturas mediterráneas.

Mitos y cosmología

Comprender la cosmología de la religión celta, sus deidades y símbolos sagrados solo se puede hacer a través de mitos y leyendas. Al igual que muchas culturas antiguas, los celtas tenían una mitología rica y fascinante, y la gente todavía cuenta sus historias en Irlanda, Gales y varias partes de Europa.

El viaje del rey Arturo a Annwn (El botín de Annwn)

Esta leyenda se basa en el poema "Preiddeu Annwn". Preiddeu significa "botín", y Annwn significa "inframundo". El rey Arturo llevó a sus hombres en tres barcos y viajó al inframundo para tomar un caldero que pertenecía al señor de Annwn. El caldero tenía poderes mágicos. Sólo herviría la comida de los valientes, no la de los cobardes.

Arturo llegó a Caer Sidi, el fuerte del otro mundo o la fortaleza de las hadas. Encontró el caldero en una cueva sobre un fuego con nueve doncellas respirando sobre él para mantenerlo ardiendo.

El poema es muy misterioso y oscuro. Una frase resonaba en varias estrofas, "Excepto siete, ninguno regresó", indicaba que solo Arturo y seis de sus hombres sobrevivieron a este desastroso viaje. Sin embargo, regresó victorioso con el caldero.

Curiosamente, el poema no solo refleja la valentía de Arturo y su capacidad para sobrevivir al viaje al inframundo, sino que también destaca la importancia del caldero en la mitología celta. Uno de los calderos más famosos pertenecía a Cerridwen, una mítica bruja celta y diosa de la inspiración. Lo usaba para hacer pociones mágicas que otorgaban sabiduría y conocimiento a quien las bebía. Este caldero podría resucitar a los muertos.

El caldero de Cerridwen apareció en otra leyenda con Bran el Bendito, el gigante rey de Gales. Se lo dio a su hermana Branwen y a su marido Math, el rey de Irlanda, como regalo de boda. Sin embargo, cuando estalló la guerra entre Gales e Irlanda, Bran decidió recuperar el caldero. La historia compartía muchas similitudes con la leyenda del rey Arturo. Bran también emprendió el viaje con algunos de sus caballeros más valientes, pero solo siete sobrevivieron. Murió en batalla y fue al inframundo como el rey Arturo en la Búsqueda del Santo Grial, que fue a Avalon después de su muerte. Algunos estudiosos creen que el caldero de Cerridwen es el Santo Grial que el rey Arturo buscó toda su vida.

La leyenda de los Tuatha Dé Danann

Los Tuatha Dé Danann eran las tribus de dioses en la cosmología celta. Antes de llegar a Irlanda, un grupo de gigantes llamados Firbolgs gobernaban la tierra. Los Firbolgs se sorprendieron por la llegada de los Tuatha Dé Danann y no estaban preparados para la batalla, lo que facilitó que los dioses los vencieran y gobernaran Irlanda. Su rey Nuada, el dios de la caza, resultó gravemente herido durante la batalla y perdió su brazo. Era incapaz de gobernar de esta manera porque, de acuerdo con las leyes de Tuatha Dé Danann, el rey debería estar en perfecto estado de salud y forma.

Aunque los otros dioses lo amaban y respetaban, Nuada no tuvo más remedio que renunciar al trono. Nombró a Breas para que ocupara su lugar, pero permaneció solo durante siete años hasta que Nuada encontró una manera de restaurar su brazo. La madre de Breas era de los Tuatha Dé Danann, pero su padre pertenecía a los fomorianos, un grupo de gigantes monstruosos. Breas era un rey vicioso e injusto que favoreció a los fomorianos sobre los Tuatha Dé Danann durante su gobierno.

Creidhne, el dios de los trabajadores metalúrgicos, logró crear una mano de plata para Nuada. El rey regresó a su reino y recuperó su trono. Aunque Breas sabía que su posición era temporal, se enojó al tener que renunciar al trono. Sin embargo, la gente se regocijó porque lo odiaban y amaban a Nuada. Breas fue a buscar a Balor, líder de los fomorianos, para sembrar las semillas de la guerra entre ambas tribus. Balor accedió a luchar contra los dioses. Algunos de los Firbolgs se unieron a ellos, ya que querían vengarse de los Tuatha Dé Danann por tomar su reino. Aunque tenía un solo ojo, Balor era un gigante muy fuerte y cruel. Luchó duro en la batalla y mató a muchos de los Tuatha Dé Danann, incluido su rey Nuada.

Lugh, el dios de la justicia, la nobleza y el sol, era una deidad poderosa y honorable y era nieto de Balor. Aunque era medio fomoriano por parte de su madre, no se parecía en nada a Breas. Nuada confió en él y lo eligió para dirigir el ejército. Lugh demostró ser un gran líder. Utilizó su magia para fortalecer al ejército y les proporcionó armas.

Cuando Lugh se enteró en el campo de batalla de que su abuelo había matado a Nuada, se mostró inflexible en vengar a su rey. Mató a Balor y trajo la victoria a los Tuatha Dé Danann.

Lugh se convirtió en un héroe y fue elegido para gobernar a los Tuatha Dé Danann. Fue un rey justo, valiente y sabio. Utilizó su parentesco con los fomorianos para establecer la paz entre las dos razas.

Los principales dioses y diosas en el paganismo celta

Lugh

Lugh era el dios del juicio, los juramentos y la nobleza y una de las deidades más populares y fuertes del paganismo celta. Tenía muchos títulos, pero el más famoso era Lámfada, que significa "del brazo largo". Se refería a la lanza mágica y poderosa que a menudo usaba en el campo de batalla. Era un rey, juez y poeta conocido por sus muchas habilidades. El dios era responsable de distribuir talentos entre la humanidad. César lo mencionó en sus libros como uno de los dioses más prominentes en el paganismo celta y muy venerado entre la gente.

Curiosamente, Lugh era una deidad tramposa que robaba, engañaba y mentía para derrotar a sus oponentes.

Cuando Lugh quiso unirse a la corte de Nuada, recorrió un largo camino para llegar a Tara, la sala de los reyes. Cuando pidió entrar, el guardia le dijo que debía tener una habilidad única para ser permitido en la corte. Lugh le mostró sus muchas habilidades como poeta, herrero, carretero y muchos otros. Sin embargo, el guardia le dijo que ya tenían a alguien con ese talento en particular. Lugh usó su ingenio y le dijo al guardia que no tenían un campeón con todas estas habilidades. El guardia se dio cuenta de que Lugh tenía razón y lo dejó entrar a la corte. Fue en la corte donde se probó a sí mismo e impresionó a Nuada, convirtiéndose en el líder de su ejército.

Las Morrigan

Morrigan (o *Morrigu*) era la diosa del destino, las batallas, las guerras y la muerte. Apoyó a los héroes y dioses celtas, ayudó a los Tuatha Dé Danann en la batalla y profetizó su victoria contra los fomorianos. Podía transformarse en una bella mujer para atraer a los hombres o en un cuervo y volar sobre los campos de batalla. Se cree que si se le aparecía a un guerrero en el agua mientras este lavaba su armadura, él moriría ese mismo día en batalla. Tenía el poder de decidir quién vivía y quién moría durante una guerra.

Según algunas leyendas, era una diosa triple. Nemain, Macha y Badb eran tres diosas llamadas Morrigan. Sin embargo, en otras leyendas, estas tres eran sus hermanas.

Uno de los mitos más famosos asociados a Morrigan es su historia con Cu Chulainn, un poderoso guerrero, hijo de Lugh. Cu Chulainn estaba en guerra con la reina Maeve, protegiendo la ciudad irlandesa de Ulster del ejército de la reina. Morrigan, que siempre estaba presente en los campos de batalla, se enamoró del joven guerrero al verlo por primera vez. Ella se transformó en una bella mujer para seducirlo antes de la batalla, pero él rechazó sus insinuaciones.

Morrigan estaba furiosa y juró venganza contra el hombre que le rompió el corazón. Por esto, se transformó en anguila, nadó hacia Cu Chulainn y lo atacó. Sin embargo, el fuerte guerrero golpeó a la anguila, sin saber que era la diosa, y la lastimó gravemente. Ella se recuperó rápidamente, se transformó en lobo y condujo una manada de reses hasta Cu Chulainn. Este golpeó a la mujer en el ojo con una honda y la dejó ciega.

La decidida diosa se transformó de nuevo en una vaca y condujo una manada de vacas en estampida contra el joven guerrero. Este sobrevivió al ataque y le rompió una pierna a Morrigan. Cu Chulainn finalmente fue a la batalla y ganó.

De camino a casa, vio a una anciana ordeñando una vaca. Tenía una pierna rota y estaba ciega de un ojo. Conversó con ella, y ella le ofreció un vaso de leche. Después de beber la leche, bendijo a la mujer, y esto curó todas sus heridas. La mujer era Morrigan, que engañó a Cu Chulainn para que la curara.

En su camino a otra batalla, vio a una mujer lavando una armadura ensangrentada, considerado un mal presagio. Sin embargo, no dejó que la imagen lo disuadiera y continuó su viaje a la batalla.

Desafortunadamente, el valiente héroe resultó herido de muerte, pero logró atarse erguido a una gran piedra para asustar a sus enemigos. Mientras tomaba su último aliento, un cuervo aterrizó sobre su hombro. ¿Era Morrigan? Nadie lo sabe.

Dagda

Dagda era el jefe Tuatha dé Danann y la deidad paterna de Irlanda. Era el dios del druidismo, la magia, la fertilidad, la agricultura, las estaciones, el conocimiento, la vida y la muerte. Los druidas le rendían mucho homenaje, ya que les otorgaba sabiduría y conocimiento de la magia. Era la más poderosa y hábil de todas las deidades celtas, y su nombre significaba "dios bueno".

A menudo se le representaba llevando un palo en una mano que podía acabar o resucitar la vida de una persona y un caldero mágico sobre su hombro que contenía un suministro interminable de alimentos. También llevaba un arpa que usaba para cambiar las estaciones.

Dagda era el marido de Morrigan y el hermano de Nuada. Fue herido de muerte por Cethlenn, esposa de Balor, durante la batalla contra los fomorianos.

Brigit

Brigit (también llamada *Brigid, Brid, Brighit, Brigantia, Brígida,* etc.) era la hija de Dagda y la diosa de la vida, la fertilidad, la maternidad, la pasión, el fuego, el agua, la serenidad y la primavera. Estaba asociada con la poesía y la curación. Al igual que Morrigan, era una diosa triple, junto a otras dos diosas también llamadas Brigit. Su nombre significaba "la exaltada". A menudo se la compara con la santa católica Brígida, ya que ambas tienen cosas en común más allá del nombre. Los antiguos y modernos paganos celtas celebran a la diosa durante el festival Imbolc en febrero. Inspiraba a poetas y escritores y protegía a los recién nacidos y a sus madres.

Durante la batalla entre los Tuatha dé Danann y los fomorianos, Brigit perdió a su padre y a su hijo Ruadán. Cuando se enteró de la noticia, corrió al campo de batalla y vio el cuerpo sin vida de su hijo. Su corazón estaba roto y se lamentó con un grito muy agudo en medio del lugar. Era la primera vez que alguien expresaba su dolor de esa manera, y todos en Irlanda sentían su dolor. Así es como el "keening" (forma de lamento vocal) se convirtió en una tradición entre las mujeres irlandesas al llorar a sus muertos.

Cernunnos

Cernunnos era conocido como el dios de los cuernos, deidad de los lugares salvajes y las bestias, y el protector de los bosques. Gobernaba sobre la naturaleza y los animales y estaba asociado a la vegetación y la fertilidad. Era un dios misterioso, y poco se sabía sobre él.

Como resultado de su asociación con animales y bosques, Cernunnos llevó una vida incivilizada. Los animales eran sus sirvientes, y a menudo se lo representaba rodeado de serpientes, lobos y alces. Podía domesticar animales y reunir a depredadores y presas.

Festivales celtas

El calendario celta se llama la Rueda del Año. Todos los festivales celtas se centraban en los cambios estacionales, ya que afectaban a la agricultura y la cosecha.

Samhain (31 de octubre)

El Samhain celebraba el final del verano y la temporada de cosecha. Durante este tiempo, el velo entre el reino de los vivos y los muertos es débil, y los espíritus de los antepasados entran y salen con facilidad a este mundo. La gente a menudo colocaba un plato extra en la mesa de la cena para recordar y honrar a sus seres queridos fallecidos. Halloween y sus tradiciones fueron tomadas del Samhain.

Yule (solsticio de invierno, 20-23 de diciembre)

El Yule tiene lugar en el día más corto del año y es un momento de renacimiento y renovación. La gente enciende velas y hogueras para celebrar el regreso del sol. Es similar a la Navidad e incluye decoraciones con árboles y muérdago.

Imbolc (2 de febrero)

Este festival tiene lugar entre el invierno y la primavera y celebra a la diosa Brigit. También celebra el final del invierno y la llegada de la primavera. La gente encendía velas y las colocaba en cada habitación para representar el regreso del sol.

Ostara (equinoccio de primavera, 20-23 de marzo)

Ostara representa nuevos comienzos y celebra la llegada de la primavera y el fin de las tinieblas. Es similar a la Pascua y comparte las mismas tradiciones, como decorar huevos.

Bealtaine (1 de mayo)

Bealtaine celebra la primavera, el clima cálido y todos los regalos de la naturaleza. Durante este festival, las personas encienden hogueras para protegerse contra las fuerzas del mal y celebran bailando. Muchas parejas se casan en este día porque está asociado con la pasión y la lujuria.

Solsticio de verano (20-23 de junio)

Este festival tiene lugar durante el día más largo del año, cuando la naturaleza es más fuerte. La gente celebra al aire libre, organiza fiestas, come comida deliciosa y enciende hogueras. Las hadas suelen estar activas durante este tiempo, por lo tanto, la gente les suele dejar ofrendas.

Lughnasadh (1 de agosto)

Este festival está asociado con el dios Lugh, quien organizaba fiestas y concursos para honrar a su madre adoptiva, Tailtiu, diosa del trabajo de parto y el nacimiento. Ella era responsable de limpiar los campos para que la humanidad pudiera cosechar sus plantas. Sin embargo, era un proceso muy difícil y murió. Lugh decidió honrarla con este festival. La gente lo celebraba encendiendo hogueras.

Mabon (equinoccio de otoño del 20 al 23 de septiembre)

El Mabon tiene lugar cuando el día es igual a la noche. Durante estos días, el sol se debilita en preparación para el invierno. La gente expresa su gratitud por la cosecha y todas las bendiciones de la naturaleza.

Ritual sencillo para hacer en casa

Cree un altar de primavera en casa durante el Bealtaine para celebrar el festival. Puede usar el altar para orar durante todo el año.

Instrucciones:

1. Elija una habitación o un espacio pequeño lejos de las distracciones cotidianas.
2. Retire todo el polvo y limpie el área quemando salvia (queme un manojo de salvia y deje que el humo purifique el área).
3. Coloque un paño blanco sobre el altar.
4. Añada velas, flores frescas, estatuillas, símbolos o imágenes de su deidad celta favorita y símbolos de la naturaleza. Que sea sencillo.
5. Escriba sus intenciones para el resto del año en un pedazo de papel y déjelo en el altar.
6. Encienda una vela todos los días para energizar el altar y reafirmar sus intenciones.
7. No ignore su altar y manténgalo en buen estado.

Descargo de responsabilidad: Quemar salvia y velas trae riesgos de incendio, tenga precaución.

El paganismo celta es una religión rica y fascinante. Cada dios tiene una personalidad, poder y dominio diferentes. Se pueden aprender muchas cosas del druidismo y el paganismo celta, como respetar la naturaleza y los animales y creer que la humanidad no es superior, sino una sola junta a todas las demás creaciones.

Capítulo 3: Asatru, el paganismo nórdico

El paganismo asatru es una práctica fascinante y misteriosa que ha existido desde antes de la era vikinga. Es la interpretación moderna de los antiguos sistemas de creencias nórdicos, mezclando prácticas espirituales con mitología, rituales y creencias éticas. Este capítulo profundiza en los detalles del paganismo Asatru. Explora sus orígenes y cosmología, discute su espiritualidad y creencias, menciona a los dioses y diosas a los que rezan e introduce a los lectores en sus rituales. Ya sea que practique o no a las enseñanzas espirituales del paganismo Asatru, es una buena forma de rastrear las raíces a través de la historia para descubrir sus tradiciones pasadas.

¿Qué es Asatru?

Asatru es un renacimiento moderno del antiguo sistema de creencias precristianas del pueblo islandés, comúnmente conocido como "paganismo nórdico". Esta tradición espiritual se remonta al siglo I d. C. y se practicaba por muchas tribus germánicas que vivían en el norte de Europa. La religión fue casi completamente olvidada hasta su renacimiento a finales del siglo XIX.

Los orígenes de Asatru se remontan a la literatura nórdica antigua, particularmente las Eddas, que son colecciones de historias antiguas y poesía que relatan creencias religiosas y eventos históricos de las culturas escandinavas. Estos textos describen a los dioses y diosas adorados por estas tribus y su cosmología y rituales. En particular, hablan de Odín y sus hermanos, Vili y Ve, creando el mundo de la nada en Yggdrasil (el Árbol del Mundo). Proporcionan información sobre cómo se usaban las runas mágicas para la adivinación, las prácticas curativas y otras costumbres tradicionales, como festejar el Yule (el solsticio de invierno) o celebrar el Día de Freyr durante el período del solsticio de verano.

Los orígenes de Asatru se remontan a las Eddas
https://commons.wikimedia.org/wiki/File:PhillippeJeanne.jpg

Además de esta evidencia literaria, las excavaciones arqueológicas descubrieron artefactos que sugieren que estos sistemas de creencias estaban increíblemente extendidos durante este período, desde Suecia hasta lo que hoy es Alemania, Austria, Hungría y partes de Rumania. Por ejemplo, se encontraron figuras de bronce que representan a Odín en toda Escandinavia que datan del año 600 d. C., y también otros objetos funerarios, como espadas en tumbas que representan prácticas funerarias de la era vikinga.

El renacimiento de Asatru comenzó en Islandia en 1972, cuando Sveinbjörn Beinteinsson lideró una iniciativa conocida como "The Ásatrúarfélagið" (o "Beca Ásatrú"). Esta organización buscaba restaurar las creencias y prácticas tradicionales bajo un nuevo nombre, Ásatrú, que significa "fe en los dioses". Desde entonces, se han establecido varias organizaciones en toda Europa, incluida la Foreningen for Nordisk Religions (FNR) de Noruega, la Forn Siðr/Nordisk Hedendom de Dinamarca, la Odinic Rite/The Odinic Rite Association (ORA) de Gran Bretaña y la Ring der Götter und Geister (RiGG) de Alemania. A pesar de su renacimiento relativamente reciente, en comparación con otros sistemas de creencias como el cristianismo o el islam, Asatru se ha convertido rápidamente en una de las religiones más grandes. Cuenta con millones de seguidores en todo el mundo que practican su fe de acuerdo con sus principios fundamentales.

Cosmología

La cosmología de Asatru es un tema que sus adherentes han debatido ferozmente. La religión se centra en gran medida en el Panteón nórdico y sus diversos mitos e historias. En esencia, Asatru se centra en el concepto de honor, no solo para usted, sino también para todos los seres vivos. Este honor se expresa principalmente a través de la reverencia a los dioses y diosas en el Panteón nórdico y la adhesión a un código de conducta heroico conocido como "las Nueve virtudes nobles".

Básicamente, Asatru reconoce nueve reinos:
- Los tres mundos debajo de la Tierra, Niflheim, Muspellsheim y Svartalfheim
- Midgard (nuestro mundo)
- Jotunheim (un reino ocupado por gigantes)
- Asgard (hogar de los dioses)

- Vanaheim (el reino de los dioses Vanir)
- Alfheim (el reino de los elfos de la luz)
- Helheim (el inframundo)

Dentro de estos reinos viven numerosos seres, como enanos, elfos, gigantes, dioses y diosas. Cada reino está habitado por sus entidades espirituales, incluyendo deidades y otras figuras sobrenaturales con áreas específicas de influencia relevantes para la vida humana.

La relación entre los humanos y estas entidades divinas determina su destino en esta vida y en su vida futura. En los sistemas de creencias Asatru, los humanos son parte de una red interconectada de existencia donde cada acción los afecta de alguna u otra manera. Por lo tanto, es importante mantener un equilibrio dentro de esta red para lograr la armonía espiritual y física.

Asatru tiene dos componentes: la fe en Odín y otras deidades nórdicas y una ética guerrera que requiere que los seguidores enfrenten los desafíos de frente con coraje y fuerza. Este espíritu guerrero enfatiza en gran medida el coraje, el sacrificio, el honor personal, la fuerza en la batalla y la lealtad a los amigos o miembros del clan.

Creencias y espiritualidad

Asatru, y el paganismo nórdico estrechamente relacionado, es una fe politeísta que venera a muchos dioses y diosas. Tiene sus raíces en las prácticas precristianas de la época vikinga en Escandinavia, pero ha sido influenciado por las interpretaciones modernas de los mitos nórdicos de fuentes como la Edda poética y la Edda prosaica. Asatru El paganismo nórdico se basa en la creencia de que las deidades son seres vivos con los que los seguidores pueden interactuar directamente a través de rituales u ofrendas. Los dioses son vistos como protectores o guardianes de la humanidad, y su adoración ayuda a asegurar el éxito y la prosperidad. Además del Panteón de los dioses, los adherentes veneran a los espíritus de la tierra (*landvaettir*), a los antepasados (*disir*) y a otros espíritus.

El Asatru, o paganismo nórdico, es una fe que celebra el poder de la naturaleza en todas sus formas y busca mantener un equilibrio entre la humanidad y los dioses. La religión tiene como objetivo vivir en armonía con los dioses y la naturaleza. Los practicantes creen que todo a su alrededor está vivo y es sagrado, desde las rocas hasta los árboles, los ríos, los océanos, el fuego, los animales y las aves. Todo tiene un espíritu elemental que puede ser honrado si se respeta.

En el fondo, Asatru es una religión animista. Los adherentes ven todo a su alrededor, desde animales y plantas hasta montañas y ríos, como si tuvieran sus propios espíritus, energías o poderes. El animismo se refleja en muchas costumbres, como ofrecer libaciones a los espíritus de la tierra al entrar en nuevos territorios o pedir permiso a los espíritus de los árboles antes de talarlos.

Los practicantes de Asatru creen que el destino está predeterminado por las acciones de una persona en vidas pasadas (*wyrd*) o por cómo te relacionas con los demás (*orþrótt*). Cada acción tiene consecuencias buenas y malas, y las personas deben actuar bien para asegurar la buena fortuna en esta vida y en vidas futuras. Esta creencia se relaciona con uno de los valores fundamentales del Asatru: honra tu palabra (*hlautbúa*). Ser honorable significa ser sincero con uno mismo y con los demás, lo que ayuda a generar confianza entre las personas y mantener el respeto por uno mismo al cumplir las promesas.

Los dioses y diosas de Asatru son componentes integrales de este sistema de creencias. Representan varias facetas de la naturaleza y la humanidad, como la fertilidad, la guerra, la justicia, la vida familiar, la muerte, el amor y la sabiduría. Estas deidades son vistas como poderosos seres sobrenaturales y modelos a seguir cuyas historias proporcionan información sobre cómo deben comportarse los humanos. Adorar a estos dioses trae bendiciones si se hace correctamente. Sin embargo, descuidarlos puede traerle desgracias o tragedias a usted y a quienes lo rodean.

Los dioses son considerados entidades distintas con sus voluntades y personalidades. Son vistos como fuerzas espirituales en lugar de conceptos abstractos o metáforas. Además, los rituales sirven para honrar a los dioses, como los sacrificios blots, donde los animales se sacrificaban parcial o totalmente como ofrendas de comida durante celebraciones como el Yule o Winternights (*Hallowtide*). Estas ceremonias se consideraban necesarias para mantener las relaciones entre los humanos y sus deidades, permitiéndoles acceder al Valhalla después de la muerte. Tras su muerte en batalla o por causas naturales, serían bienvenidos en el salón de Odín. Otros rituales pertenecen específicamente a ciertos días festivos, como el Ostara, donde se intercambian huevos entre los miembros de una familia, simbolizando una renovación. También se honra a Thor con hogueras encendidas en la noche de verano. Estos rituales estaban destinados a honrar a los dioses y como un recordatorio de que vivir en armonía es posible si se adhieren fielmente a los valores con aquellos que comparten las mismas creencias.

Al honrar a los dioses a través del ritual, los adherentes buscan vivir de acuerdo con el código moral del Asatru/paganismo nórdico: las Nueve Nobles Virtudes. Las Nueve Nobles Virtudes del paganismo nórdico, conocidas como Asatru, son códigos morales que guían y dan forma a la conducta de los practicantes. Estas virtudes provienen de una antigua religión pagana y todavía se practican hoy en día.

1. **Coraje:** Ser valiente en todas las situaciones, asumir riesgos, aceptar los desafíos con fuerza y ser resiliente en los momentos de dificultad.
2. **Verdad:** Vivir honesta y abiertamente, nunca mentir o engañar a los demás, y luchar por la verdad.
3. **Honor:** Mantener un carácter noble en todo momento, mantener los más altos estándares de comportamiento con integridad y luchar por la excelencia en todo.
4. **Fidelidad:** Mantenerse fiel a su palabra, relaciones y compromisos, y estar al lado de amigos y familiares leales.
5. **Disciplina:** Practicar el autocontrol, mantenerse enfocado en el logro de metas y practicar la moderación.
6. **Hospitalidad:** Ofrecer una hospitalidad generosa al recibir huéspedes y tratarlos como miembros honorables de la familia.
7. **Diligencia:** Trabajar duro para adquirir conocimientos, desarrollar habilidades, ganar dinero, adquirir riqueza material y siempre mejorar.
8. **Autosuficiencia:** Confiar en uno mismo en lugar de depender de los demás, asumir la responsabilidad de sus acciones y no confiar en la suerte o el destino.
9. **Perseverancia:** Mantenerse fuerte a pesar de la adversidad y nunca darse por vencido, incluso cuando se enfrenta a grandes dificultades u oposición.

Otro aspecto importante de la espiritualidad Asatru es la narración de sagas (historias sobre personajes mitológicos de la tradición nórdica) alrededor de una fogata después de la cena en reuniones privadas o eventos rituales. Al escuchar estos cuentos, los participantes aprenden más sobre la historia de su cultura y aprenden lecciones espirituales gracias a sus narrativas sobre heroísmo, coraje, lealtad, autosacrificio, honor, justicia, veracidad, compasión, humildad y sabiduría. Además, estos cuentos ofrecen una idea de cómo los adherentes deben vivir de acuerdo con una cosmovisión basada en las tradiciones nórdicas. Ayuda a los adherentes a estar mejor versados en los aspectos integrales de los valores, la ética, la moral y las leyes de Heathenry.

El Asatru/paganismo nórdico es una tradición de fe en constante evolución. Las creencias y prácticas actuales abarcan desde el humanismo hasta el reconstruccionismo, desde ver a los dioses como construcciones metafóricas hasta abordarlos como seres distintos. La diversidad de creencias dentro de la comunidad permite a los seguidores explorar sus caminos espirituales mientras honran su herencia cultural y se conectan con otros paganos a nivel mundial. Independientemente de cómo veas o practiques el Asatru/paganismo nórdico, su núcleo fundamental es el aprecio por la vida y la naturaleza y el compromiso de trabajar hacia un equilibrio en los mundos físico y espiritual. Con este entendimiento, los adherentes pueden esforzarse por vivir una vida significativa llena de alegría, sabiduría y plenitud.

Dioses y diosas

El Asatru, o paganismo nórdico, se basa en la creencia en múltiples dioses y diosas que habitan en diferentes reinos y guían a la humanidad. Muchos dioses y diosas están asociados con Asatru, pero algunos son más importantes que otros. Estas deidades principales incluyen a Odín, Thor, Freya, Freyja, Frigg, Loki, Heimdall e Idunn. Estos dioses y diosas principales están estrechamente vinculados a las creencias de Asatru y son esenciales para el paganismo nórdico. Guían, protegen y ofrecen sabiduría a su gente mientras son respetados como deidades poderosas. Al comprender mejor a estas deidades, los practicantes pueden apreciar mejor los aspectos de la fe, como su mitología y simbolismo.

Odín

Odín es considerado el dios principal de Asatru. Se le conoce como una poderosa deidad que gobierna Asgard, el reino de los dioses Aesir. Es un maestro sabio que da consejos y sabiduría a la humanidad a través de revelaciones proféticas. Odín está asociado con la guerra y la magia. Se dice que sacrificó su ojo para ganar sabiduría. Odín tenía poderes mágicos que le permitían cambiar de forma y convertirse en diferentes animales o personas. Llevaba dos artefactos mágicos: un caballo de ocho patas llamado Sleipnir, que podía viajar entre mundos sin cansarse, y un ojo que todo lo ve llamado Ojo de Odín, que le permitía ver muchos lugares simultáneamente.

Thor

Thor es el hijo de Odín y el dios principal del trueno en la mitología Asatru. Thor es el dios del trueno y el relámpago y gobierna sobre las tormentas. Es una de las figuras más famosas de la mitología nórdica. Conocido por su fuerza y coraje, podía manejar un martillo mágico llamado Mjölnir, que controlaba los rayos. Thor protege a Asgard de los gigantes que lo atacan, usando su martillo mágico para derribarlos. Es un guardián de la humanidad, los protege de todo peligro y los ayuda en tiempos difíciles.

Freya

Freya es una diosa del amor, la belleza, la fertilidad y la guerra en el Panteón asatru. Tiene muchas asociaciones con la naturaleza, como la fertilidad, el amor y la sexualidad. Freya es una fuerte protectora de su gente, particularmente de los más vulnerables. A menudo toma la forma de un bello halcón cuando está en batalla, guiando a los guerreros a la victoria.

Freyja

Freyja es la hermana gemela de Freya y está asociada a aspectos similares como la fertilidad y el amor. Lleva un collar de piedras preciosas llamado Brisingamen, que le otorga grandes poderes. El poder de Freyja radica en su capacidad para ver el futuro y guiar a la humanidad. Freyja tiene el poder de causar conflictos entre los enemigos si alguien la perjudica a ella o a sus seres queridos. Puede tomar diferentes formas a voluntad y viaja por Midgard (el reino de los humanos) en un carro tirado por gatos.

Frigg

Frigg es la esposa de Odín y diosa del matrimonio y la maternidad en la mitología asatru. Al igual que Freya y Freyja, está asociada al amor y la fertilidad. Es una figura materna sabia y cariñosa que cuida de todos los habitantes de Asgard.

Freyr

Freyr es uno de los dioses Vanir asociados a la paz, la fertilidad y la prosperidad. Freyr era conocido por su gran riqueza, pero era generoso, y regalaba sus posesiones libremente incluso cuando este le generaba problemas o peligro. Regaló su última posesión valiosa, su espada mágica, para ganarse a Gerd (una giganta), con quien quería casarse. Era famoso por tener un enorme apetito. Se convirtió en una broma entre otros dioses y diosas, quienes se burlaban de que nunca estaba satisfecho, sin importar la cantidad de comida que le sirvieran.

Tyr

Tyr era otro dios asociado a la guerra, específicamente por el coraje y la valentía en los campos de batalla. Tyr ofrecía a los guerreros fuerza y coraje cuando sus reservas naturales se agotaban. Tyr era admirado por sus acciones desinteresadas como la valentía. Sacrificó una de sus manos, para que el lobo Fenrir no se liberara de sus ataduras, evitando que el *Ragnarok* (la edad crepuscular y el fin del mundo) sucediera prematuramente.

Loki

Loki no es técnicamente considerado una deidad, sino un embaucador inmortal que causó muchas travesuras en todo el Panteón nórdico. Se le representa a veces jugando bromas y otras veces causando problemas a propósito. Sin embargo, la función principal de Loki es nutrir a la humanidad, ayudando en última instancia al nacimiento y al nuevo comienzo después del Ragnarök.

Heimdall

Heimdall es el protector heraldo de la raza Aesir. Está a cargo de proteger el Puente Bifrost que conecta el reino de Asgard con el Midgard de los mortales. Sus agudos sentidos le permiten detectar incluso la más mínima perturbación a kilómetros de distancia, dando perfecto sentido a por qué es nombrado centinela de la puerta de enlace entre reinos.

Idunn

Idunn es la diosa de la juventud y la inmortalidad en la mitología Asatru. Se dice que sus manzanas mágicas mantienen a los dioses jóvenes y evitan que envejezcan o mueran. Idunn está asociada a la fertilidad. Se creía que comer sus manzanas podría conducir a una mayor fertilidad en las mujeres.

Festivales y celebraciones

El Asatru y el paganismo nórdico son religiones antiguas impregnadas de tradición que se remontan a varios siglos atrás. Varios festivales y celebraciones están asociados con la religión para honrar a dioses y diosas y eventos importantes durante todo el año. Estas festividades varían de una región a otra y brindan la oportunidad de reconectarse con las viejas costumbres y celebrar la espiritualidad dentro de la comunidad.

El calendario de la Era Vikinga se dividía en dos estaciones distintas, la mitad (clara) de verano y la mitad (oscura) de invierno. En los tiempos modernos, el 20 de marzo marca el comienzo del verano y el 31 de octubre marca su final. Cada estación está simbólicamente vinculada a ciertas deidades que pueden honrarse a través de una celebración en el cambio de cada estación. El verano se asocia con los dioses nórdicos Freyr y Freyja, mientras que el invierno se asocia con Odín y Ullr.

Uno de los festivales más importantes del Asatru se llama "Ostara", y tiene lugar en el equinoccio de primavera (20 de marzo). Esta antigua fiesta celebra el renacimiento de la naturaleza después de un largo invierno y simboliza la renovación. Tradicionalmente se celebraba ofreciendo regalos a los dioses, festejando y cantando canciones en su honor. El festival está estrechamente relacionado con la Pascua, ya que ambos comparten temas similares, como la fertilidad y los nuevos comienzos.

El solsticio de verano (21 de junio) o el día del solsticio de verano marca otro evento importante en el calendario para los seguidores del paganismo nórdico. Esta celebración rinde homenaje a Freyja, que representa la fertilidad y el comienzo del verano. Se cree que en este día, el dios del sol, Baldur, se levanta de entre los muertos para traer luz y vida al mundo. La gente celebra el día del solsticio de verano haciendo fogatas, organizando festejos y bailes.

El Lammas (1 de agosto) marca la temporada de cosecha y celebra a Freyr, que preside la riqueza y la abundancia. Este festival es un momento para dar gracias por todo lo que se cosechó durante el año y para que la gente comparta su generosidad. Tradicionalmente se celebraba ofreciendo pan hecho de grano de la cosecha a Freyr.

El solsticio de invierno (21 de diciembre) es otra fiesta importante que marca la noche más larga del año. Este día se asocia a Odín, quien preside la muerte, la sabiduría, la magia y las runas. La gente celebra este día dando ofrendas a Odín y encendiendo velas en su honor. El tronco de Navidad tradicionalmente se quema para aportar calor y luz a los hogares durante los largos meses de invierno.

La Noche de Walpurgis (30 de abril) celebra a Ullr, el dios de la caza, el esquí y el tiro con arco, y a su divina esposa, Freya. Esta celebración no está en los calendarios vikingos tradicionales, pero se ha convertido en uno de los festivales más populares entre los seguidores del paganismo nórdico moderno. Originalmente se celebraba encendiendo hogueras en honor a Ullr y Freya y entregándoles ofrendas. Hoy en día, se celebra más como una oportunidad para que las personas se reúnan a festejar y divertirse.

Los festivales asociados al Asatru y al paganismo nórdico permiten a las personas conectarse con sus antiguas raíces espirituales mientras celebran los cambios de estaciones. Son un momento para honrar a los dioses y diosas, dar gracias, compartir comida y disfrutar del compañerismo dentro de la comunidad. Estas festividades ayudan a mantener vivas estas antiguas tradiciones en los tiempos modernos y aseguran que las viejas costumbres no se olviden.

Rituales

Blot

El ritual blot es uno de los rituales más importantes en Asatru. Consiste en ofrecer sacrificios a los dioses o diosas y santificarlos con cerveza, hidromiel y otras libaciones. El propósito del ritual es que los practicantes honren a los dioses y diosas y pidan sus bendiciones. Es una forma de agradecer a los dioses y diosas por todo lo que han hecho y dado al practicante.

Para esto, necesita un altar, un cáliz u otro recipiente para la libación, una ofrenda como comida o bebida (generalmente hidromiel o cerveza), runas, incienso, velas y algo que represente a cada dios o diosa honrado. Si un grupo está realizando el ritual, es mejor que cada uno traiga algo que represente a cada dios o diosa que se honra para que todos puedan ser reconocidos durante la ceremonia.

Instrucciones:
1. Prepare su altar colocando objetos, como ofrendas y representaciones de cada dios y diosa honrados.

2. Encienda velas e incienso antes de hacer una breve oración invocando a todos los dioses y diosas honrados.
3. Pase el cáliz lleno de hidromiel o cerveza para que todos puedan santificarlo.
4. Una vez que todos hayan participado en la santificación de las ofrendas, use su turno para expresar gratitud por lo que cada dios y diosa haya hecho por usted.
5. Vierta su libación en el suelo cerca del altar, lo que representará la aceptación de sus ofrendas.
6. Cuando termine de dar las gracias y de derramar sus libaciones, cierre su invocación con otra breve oración agradeciéndoles de nuevo.
7. Cierre su espacio de ritual.

Sumbel

El sumbel es un ritual con raíces en la antigua religión Asatru. Se practica hoy en día por los adherentes modernos y como parte regular de una ceremonia o en eventos especiales. La palabra "sumbel" proviene del inglés antiguo y significa "beber juntos". Es una parte importante de muchas reuniones y celebraciones en Asatru.

El ritual sumbel tiene como objetivo honrar a los dioses, antepasados y otros espíritus y celebrar los hitos de la vida. Durante el ritual, los participantes hacen juramentos y comparten palabras de aliento. Fortalece los lazos entre familiares y amigos al tiempo que demuestra respeto por las creencias de los demás. Además, se anima a los participantes a reflexionar sobre sus acciones y cómo afectan a quienes los rodean.

La estructura del ritual es similar a una ceremonia de brindis. Sin embargo, el contenido varía según el evento que se celebre o se honre. En general, los rituales sumbel implican beber hidromiel (o jugo si el hidromiel no está disponible) de un cuerno o taza conocida como "la copa bendita", que se pasa de una persona a otra en el sentido de las agujas del reloj. Cada vez que alguien toma un sorbo de la copa, honra a otra persona que asiste con palabras amables o simbolismo, como derramar un poco de bebida sobre la hierba o la tierra para honrar a los espíritus de la tierra. Una vez que todos han tenido su turno con la copa bendita, generalmente hay risas y celebraciones alegres acompañadas de cantos y bailes folclóricos.

Seidr

El seidr es un antiguo ritual mágico nórdico ampliamente practicado en la Escandinavia precristiana. Se cree que se ha utilizado para diversos fines, como la curación, la adivinación, la protección e incluso la maldición. Se realizaba con mayor frecuencia por chamanes o caciques que supuestamente estaban en contacto con los dioses y podían influir en los acontecimientos a través de su magia. El ritual generalmente consistía en cantar, tocar un tambor, bailar en éxtasis y entrar en trances. El chamán recurría a poderes de otro mundo, como elfos y enanos, para ayudarlos a cumplir sus tareas.

Para realizar un ritual seidr en la tradición Asatru, es necesario crear el entorno adecuado.

Instrucciones:

1. Necesita un lugar sagrado donde pueda realizar el ritual sin molestias de fuentes externas. Puede estar dentro o fuera de su casa.
2. Prepárese mental y espiritualmente para el ritual. Puede meditar de antemano, para aclarar su mente y abrirse a lo que suceda durante el ritual.
3. Una vez que se hayan tomado estos pasos, es hora de preparar el espacio para el ritual. El espacio debe estar orientado hacia el norte, hacia Asgard (el reino de los dioses).
4. Debe haber un fuego encendido. Al menos dos fogatas con velas a su alrededor.
5. Encienda un poco de incienso. Debe encenderse antes de cantar (generalmente con hierbas como el enebro).
6. El canto debe consistir en mantras asociados a ciertos dioses o espíritus. Cada dios y espíritu tiene un sonido particular que puede invocar su energía dentro de su círculo.
7. El canto generalmente puede durar hasta diez minutos o más, dependiendo de la profundidad de su trance.
8. Cuando se complete el canto, cree un escudo con runas. Estas runas deben elegirse de acuerdo al objetivo de su ritual, ya sea buscar respuestas de los dioses sobre algo específico o lanzar un hechizo sobre alguien.

9. Termine su ritual agradeciendo a todos los que participaron.

10. Cierre su espacio sagrado hasta la próxima vez.

Saber cómo y por qué hacer un ritual seidr es importante. Es una ofrenda u oración a los dioses y espíritus para que intervengan en su nombre cuando se requiera orientación o asistencia. Esto hace que el ritual seidr sea excepcionalmente especial y poderoso en la tradición asatru.

Capítulo 4: Paganismo germánico

"Germánico" se refiere a un colectivo tribal de indoeuropeos de la Edad del Hierro que hablaban las lenguas germánicas y se establecieron en Alemania, las Islas Británicas y Escandinavia. Este capítulo se centra en las culturas paganas germánicas como los islandeses, los anglosajones, los daneses y otros. Además de proporcionar información sobre tradiciones paganas, el capítulo ofrece una visión histórica de las tribus paganas germánicas y sus migraciones.

Historia de los paganos germánicos

Si bien no está claro cuándo llegaron las tribus germánicas al norte de Europa, para el año 750 a. C., estaban establecidas en los territorios de la actual Dinamarca y sur de Escandinavia. Su popularidad se expandió tanto que 500 años después, emigraron hacia Europa central. Sus migraciones provocaron conflictos con los celtas, que también estaban expandiendo su influencia cultural. Sin embargo, los celtas fueron derrotados por las tribus germánicas. Más tarde, el crecimiento de la población hizo que varias tribus invadieran territorios ajenos, mientras que otras emigraron a Italia, España y Galia. En el siglo V d. C., muchas tribus se fusionaron, formando tribus como los anglosajones, los daneses, los suecos y otros.

Las tribus germánicas tenían rituales similares a los celtas, como el sacrificio
https://commons.wikimedia.org/wiki/File:Olaus_Magnus_-_On_the_Geats%27_Worship_and_Sacrifice.jpg

Estas migraciones, conflictos y creencias coexistentes de las diferentes tribus germánicas dejaron su huella en el sistema de creencias. Los hallazgos arqueológicos indican que durante la Edad de Hierro romana (antes del 400 d. C.), las tribus germánicas practicaban rituales espirituales similares a los celtas. Tenían similitudes en la forma en que ofrecían sacrificios a las deidades y realizaban la adivinación, y, al igual que los celtas, creían en que se debía formar una conexión espiritual con la naturaleza. Sin embargo, tenían una tradición única de quemar a sus muertos antes de enterrarlos en el suelo. Algunas tradiciones todavía se practicaban en la Edad de Hierro germánica (desde principios del siglo V), pero poco después, las tribus germánicas se convirtieron al cristianismo. Sin embargo, esta era una forma de cristianismo anterior y menos basada en festividades, por lo que muchas prácticas paganas germánicas sobrevivieron a través de tradiciones orales o registros escritos. Los registros de principios de la Edad Media muestran una reverencia generalizada hacia las deidades nórdicas antiguas, los sacerdotes y los fenómenos naturales.

Islandeses

Los islandeses eran un pequeño grupo de paganos germánicos que llegaron a las costas de Islandia a finales del siglo IX. Tenían y mantenían creencias muy similares a sus antepasados paganos germánicos. Veneraban a los mismos dioses y adoraban a los antepasados y a la naturaleza con el mismo fervor. Su sistema de creencias es uno de los más conservados de las tribus paganas germánicas del norte. Se conservaron por tradición oral y quedaron registrados en sagas y, aún más famosa, en la Edda poética, una de las fuentes más conocidas de la mitología nórdica.

Anglosajones

Según los registros históricos, los anglosajones llegaron a las costas de Gran Bretaña a finales del siglo V. Tenían creencias paganas muy similares al paganismo nórdico. Sin embargo, su religión se diversificó más tarde bajo la influencia de la separación del resto de las tribus paganas y más tarde la presión de otras religiones. Adoraban a Woden (Odín), el dios más alto de su panteón. Según las creencias anglosajonas, Woden era el dios de la muerte, que guiaba a las almas difuntas en su camino al más allá. A diferencia de otras figuras de autoridad más arraigadas a las que adoraban, era universalmente temido, como los dioses Tiw (Thir) y Thu (Thor).

Además de las indicaciones de lugares de culto naturales, los hallazgos arqueológicos sugieren que los anglosajones podrían haber construido templos paganos. Allí, celebraban rituales dirigidos a sus deidades y les ofrecían sacrificios.

Daneses

Los daneses eran una tribu germánica que llegó al sur de Escandinavia a mediados del siglo VI. Hablaban protonórdico, y más tarde nórdico antiguo, y tenían creencias similares a las tribus germánicas del norte. Su religión está construida con elementos del paganismo nórdico, Adoraban a Thor, Odín y Frey. Al igual que muchas otras tribus paganas germánicas, los daneses dejaron algunas deidades atrás. Sin embargo, participaban en el culto ancestral y mantenían muchas costumbres originales incluso después de convertirse al cristianismo en el siglo X. Por ejemplo, utilizaban las mismas prácticas funerarias y practicaban la adivinación rúnica. Además del cristianismo germánico tradicional que apareció en el siglo X, los daneses fueron influenciados también por las creencias arrianas (una versión mucho más antigua de la doctrina cristiana que emana del Egipto del siglo III).

Puntos clave en el sistema de creencias paganas germánicas

"Paganismo germánico" es un término general para varias creencias paganas estrechamente relacionadas dentro de un gran sistema. La mayoría de estas creencias y tradiciones provienen de la antigua religión nórdica, pero en el período medieval, fueron fuertemente influenciadas por la teología cristiana. Al igual que sus antepasados, el sistema de creencias pagano germánico también es politeísta. Muchas prácticas religiosas de las tribus germánicas del noroeste de Europa se perdieron. Sin embargo, se sabe que incluso antes de la época medieval, el paganismo germánico se trataba más de la adoración individual y las tradiciones familiares que de tribus con una religión organizada. Aun así, sus tradiciones tenían un marco coherente. Por lo general, giraban en torno a las deidades y el ciclo de la vida. Se cree que las antiguas tribus germánicas tenían tradiciones en torno a su creencia en el inframundo, la vida después de la muerte, un mundo de antepasados en los cielos y la reencarnación. La mitología germánica tiene varias variaciones del mito de la creación. Según el más famoso, en un comienzo, no existía nada más que un vacío mágico. A partir de eso, Odín y sus hermanos crearon la Tierra y más tarde dieron vida a la humanidad a partir de dos troncos de árboles sin vida.

Dioses y diosas más importantes

Según la antigua mitología pagana germánica, el panteón de los dioses comprende dos tribus, Vanir y Aesir. Se cree que, en algún momento, estas tribus se dieron cuenta de que ninguno de los bandos ganaría e hicieron las paces.

Los Aesir

Odín

Odín era el gobernante de Aesir y el dios de los reyes y nobles germánicos. La gente común, sin embargo, rara vez acudía a Odín en busca de ayuda, y no era ampliamente adorado. En el paganismo germánico, Odín es conocido como el dios de la poesía. Hay muchas historias sobre cómo Odín trajo el hidromiel sagrado de la poesía a los dioses. Según una de estas historias, el hidromiel fue creado a partir de la sangre de un dios sabio, Kvasir, que fue asesinado por enanos. Odín lo robó y escapó volando en forma de águila.

Odín también era conocido por su propensión a incitar peleas entre los guerreros y volverlos unos contra otros para reclutar héroes en el Valhalla. Los héroes muertos se unirían a él en la batalla final contra el Ragnarök. También se decía que Odín creaba magia poderosa que podía hacer hablar a los muertos. Era un mago, un cambiaformas y un poderoso chamán, que podía entrar en trance y viajar a otros mundos. Cuando visitaba a los muertos, siempre iba acompañado de dos cuervos y dos lobos. Los pájaros eran sus mensajeros y le informaban lo que sucedía en el otro mundo y en el mundo de los mortales.

En el paganismo germánico, Odín es retratado como el dios de los ahorcados. Esta creencia proviene del antiguo mito nórdico de Odín suspendiéndose en el Yggdrasill (el árbol de la vida) para obtener sabiduría.

Si bien los plebeyos a menudo consideraban que Odín no era confiable, era una deidad soberana. Los descendientes de las antiguas tribus germánicas de Inglaterra y Escandinavia lo consideraban como su máximo gobernante divino. Los fundamentos de las dinastías todavía se atribuyen a Odín, y durante siglos, se le ofrecieron sacrificios extraordinarios por sus bendiciones. Si bien normalmente se le ofrecían sacrificios de animales, el sacrificio humano también era común. Sin embargo, este último proviene de escritores romanos que magnificaron la crudeza de las prácticas paganas germánicas para infundir miedo y prejuicios.

Thor

Thor era una deidad ampliamente adorada. Era una de las últimas deidades a las que la gente recurría antes del final del periodo pagano en las tierras germánicas. Thor es el hijo de Odín. Su nombre deriva de la palabra germánica para "trueno". Los mitos describen a Thor como el campeón de los dioses y admiran sus victorias sobre los gigantes. Su éxito se atribuye a menudo a su martillo, Mjölnir. Tuvo aventuras con otras criaturas míticas, como la serpiente cósmica Jörmungand. Esta criatura vivía en el océano que rodeaba el mundo. Después de sacar al monstruo de las vastas aguas, Thor no logró matarlo y se espera que lo enfrente nuevamente en el Ragnarök.

A diferencia de su padre, Thor es el dios del pueblo pagano germánico. Lugares de Inglaterra y el este de Escandinavia llevan su nombre. Era adorado como el dios del trueno y se pensaba que traía lluvia y aseguraba una buena cosecha. Guiaba a los guerreros en batalla y ayudaba en los proyectos militares.

El día jueves ("Donnerstag" en alemán) lleva el nombre de Thor, y significa "el día de Thor". Los modernos practicantes paganos germánicos todavía creen que Thor viaja en su carro en el cielo hacia el este diariamente, y el trueno es el sonido de su carro.

Balder

En la mitología germánica, Balder es otro hijo de Odín. A diferencia de Thor, Balder es un dios mucho más paciente. Tiene poderes proféticos e incluso predijo su propia muerte. Según la tradición, su madre hizo que todas las criaturas hicieran un juramento de no hacerle daño. Sin embargo, después de que el muérdago se negara a prestar juramento, Loki, el dios embaucador, lo arrancó y se lo entregó al dios ciego, Höd, quien inadvertidamente lo usó para matar a Balder. Cuando los dioses enviaron a recuperar el alma de Balder en Hel, no pudieron liberarlo porque a la diosa de la muerte no recibió lo que pidió a cambio. Según su decreto, todos deberían haber llorado la muerte de Balder. Loki se disfrazó de giganta y se negó a llorar a Balder, por lo que Balder tuvo que permanecer muerto.

Según los daneses, Balder no era una deidad inocente y su muerte no significaba un evento triste. Creían que era un semidiós vicioso. Balder y Höd luchaban constantemente por la mano de la esposa de Balder. En una de sus peleas, Höd lo mató. Dentro de las creencias paganas germánicas posteriores, Balder era descrito como un dios moribundo de la primavera. Sin embargo, dado que estas representaciones le dieron características similares a las de Cristo, podrían haber sido influenciadas por las creencias cristianas.

Loki

Aunque los paganos germánicos cuentan a Loki entre los Aesir, se le considera un extraño para esta tribu. Su padre era un gigante, y probablemente su madre también. Loki es el padre de Jörmungand, la serpiente que rodea el mundo. Era padre de Hel, la diosa de la muerte, y Fenrir, el lobo cuyo destino es estar encadenado hasta el Ragnarök. Según sus creencias, Loki está atado, pero sin duda romperá sus cadenas cuando llegue el Ragnarök. Honrará a su padre y a su descendencia uniéndose a los gigantes en la batalla contra los dioses.

Si bien se sabía que Loki engañaba a los dioses, a veces también los ayudaba, particularmente a Odín y Thor. Es una deidad tramposa que puede cambiar de forma cuando quiere. Por ejemplo, en un cuento, se le representa como una foca luchando contra Heimdall por un collar. Otro poema lo describe como una mosca y cuenta su aventura en la residencia de Freyja. En las creencias paganas germánicas, Loki representa una fuente de inteligencia impulsiva. Bajo su influencia, una persona puede actuar con impredecible malicia.

Aesir menores

Las deidades menores en las filas de los Aesir incluían a Heimdall, Rigr y Tyr. Heimdall y el dios embaucador están obligados a matarse entre sí en el Ragnarök, y siempre estarán en desacuerdo con Loki. Según la tradición, Heimdall nació de nueve madres, que eran presuntas hermanas y probablemente gigantas. Heimdall vivía al borde del mundo Aesir, y lo protegía de los ataques de los gigantes. Tiene un oído increíblemente poderoso y puede captar cualquier cosa de cualquier mundo.

Rigr puede ser uno de los rostros de Heimdall, pero también se dice que es el padre de la humanidad. Rigr tuvo hijos con tres hembras, que dieron a luz a las tres razas diferentes según las creencias paganas alemanas.

Tyr era una figura divina prominente durante los primeros días del paganismo germánico, pero ha sido casi olvidada. Solo tenía una mano porque el lobo Fenrir le quitó la otra. Es un dios valiente y se cree que es el hijo de Odín. Algunas fuentes afirman que en lugar de ser una deidad, Tyr fue engendrado por un gigante.

Frigg

Al igual que su marido Odín, Frigg es representada de varias maneras según diferentes fuentes germánicas. Algunos la muestran como la madre llorona y abnegada de sus hijos. Otros la describen como una libertina que no tenía miedo de vivir apasionadamente. Las últimas fuentes afirman que su mala conducta fue responsable de la mala fama y el breve destierro de Odín del panteón divino.

Los Vanir

Los Vanir eran otro grupo de deidades paganas germánicas. La mayoría estaban asociados a la salud, la fertilidad y el peso. A diferencia de los Aesir, los Vanir rara vez participaban en batallas y no influían en el resultado de los conflictos y las guerras como lo hacían los Aesir.

Freyr

Los daneses orientales celebraban notablemente a Freyr, el hijo de Njörd. Creían que Freyr partía regularmente hacia el este, y viajaba en una ola gigante con su carro detrás de él. Según las tribus germánicas que habitan el territorio moderno de Suecia, Freyr viajaba dentro del carro. Traía bendiciones de fertilidad y una buena cosecha a las tierras áridas del norte de Europa. Según una saga islandesa, cuando la gente comenzaba a cultivar, Freyr parecía vigilar el campo. Los campos se volvieron un lugar sagrado.

Una de las aventuras más épicas de Freyr fue la conquista de Gerd, una doncella gigante que más tarde se convirtió en su esposa. Hay varias versiones de este mito. Una afirma que Gerd fue llevado al otro mundo, y para llegar a ella, Freyr tuvo que superar las reglas de la vida y la muerte. Según otra versión, la doncella estuvo cautiva por el invierno, que trajo gigantes de hielo, y que Feyr tuvo que luchar por ella. Esta última historia se convirtió en un mito de fertilidad en el que Freyr es el dios del Sol que libera a Gedr, el gobernante de la Tierra. Una vez que la Tierra es liberada en primavera por Freyr, la naturaleza se vuelve fértil.

Varios animales eran sagrados para Freyr, incluido el caballo y el jabalí (conocido por su alta fertilidad). Los daneses tenían una deidad similar llamada Frody, que era responsable de la prosperidad de la tierra. Como también lo llevaban en un carro, algunos decían que era Freyr con un nombre diferente. Se creía que Freyr era el antepasado de los Yngling, la familia real sueca.

Freyja

Freyja es la hermana de Freyr (y esposa por un breve período) y la diosa del amor, la fertilidad y la belleza, lo que indica responsabilidades muy similares a las de su hermano. Según la tradición, suele estar rodeada de artículos finos y joyas. Una de sus piezas más famosas fue el collar Brísingamen, forjado por enanos y posteriormente robado por Loki. Loki y Heimdall pelearon por este collar. Se decía que Freyja era una esposa fiel, a menudo era representada llorando lágrimas de oro cuando su esposo no estaba. Sin embargo, algunas fuentes afirman que era bastante promiscua. Este último probablemente se deriva de los cuentos de su práctica de magia desconocida para muchos, incluso entre los dioses. Esta era magia seidr, que Odín usaba en algunas deidades. Al igual que Odín, guiaba las almas de los que caían en la batalla.

La diosa de la fertilidad Freyja está asociada a los animales. Representa una característica controvertida de una diosa de la fertilidad asociada con el otro mundo, que no estaba presente fuera de las creencias paganas germánicas.

Debido a la naturaleza dual de Freya, a menudo es simbolizada por una amplia gama de artículos, incluyendo un perro y una serpiente (aludiendo a su conexión con el otro mundo) o frutas, símbolo de fertilidad. Algunas tribus tenían una diosa similar con diferentes nombres, como la diosa Nehawho, adorada por las tribus germánicas en Europa central.

Festivales y celebraciones

Al estilo pagano tradicional, a las tribus germánicas no les gustaba confinar su adoración y prácticas rituales dentro de cuatro paredes. En todo el mundo pagano germánico, las prácticas basadas en la naturaleza estaban muy extendidas, y los lugares de culto más comunes eran arboledas y bosques sagrados. Las tribus de Escandinavia, Inglaterra y Europa continental celebraban sus rituales y ceremonias cerca de árboles y pozos. Cuando construían templos y sitios de adoración cerrados, lo hacían cerca de árboles y pozos sagrados.

Según las fuentes romanas, las primeras tribus paganas germánicas no visualizaban a sus deidades con formas humanas. Cualquier elemento que se usara para representar a las divinidades, eran efigies que denotaban su poder divino antes que una forma. Más tarde, estos símbolos se volvieron de naturaleza antropomórfica.

Las prácticas paganas germánicas más comunes eran sacrificios (en su mayoría de animales) ofrecidos a dioses y diosas. Durante estos sacrificios, el número nueve era muy especial. Presentaban nueve cabezas u otros órganos a los dioses para apaciguarlos y colocaban la ofrenda en un bosque sagrado durante nueve días. Creían que todo lo que ponían cerca de una arboleda se volvía sagrado.

Llevaban a cabo sacrificios y enviaban objetos a lugares a los que nadie pudiera acceder, como el fondo de un lago. O simplemente quemaban el objeto de sacrificio. Celebraban festivales de sacrificios (uno de los raros festivales celebrados en la antigua Germania), que incluían comidas festivas y libaciones. Durante estas celebraciones, se hacían grandes ofrendas públicas. A menudo, una o más tribus se reunían y a veces se sacrificaban figuras de madera en lugar de personas.

Otra tradición pagana germánica era la ofrenda de armas. Los hallazgos arqueológicos sugieren que las tribus las arrojaban a un lago o sacrificaban armas inutilizadas después de una batalla. Curiosamente, las armas siempre se sacrificaban por separado de otros artículos. Además de sus propias armas, las tribus también ofrecían las armas de sus enemigos derrotados. La mayoría de las ofrendas se hacían a Odín como una expresión de gratitud por sus bendiciones en batalla. El sacrificio reforzaba la conexión entre Odín y sus adoradores y aseguraba que este dios de mal genio se mantuviera de su lado.

Las ceremonias funerarias eran muy comunes. A menudo quemaban y enterraban a los difuntos y sus posesiones, incluidos los animales y las personas esclavizadas. Antes de su entierro, los animales y las personas esclavizadas eran tratados con el mismo respeto que sus amos, a menudo recibían la misma comida, bebida y otros privilegios. Durante los períodos de migración intensiva, las ceremonias de entierro se llevaban a cabo en una orilla o en barcos.

Mientras que los festivales unificados eran raros entre los paganos germánicos, los que existían giraban en torno a las deidades. Organizaban una celebración pública para los dioses y diosas en sus días. Los nombres modernos de los días de la semana provienen de las deidades que los paganos germánicos asociaban cada uno de ellos. Honrar públicamente a las deidades en sus días sagrados le daba a la gente un sentido de comunidad y reafirmaba su conexión con lo divino. Algunos festivales y celebraciones eran en reverencia a las estaciones. Al principio, los paganos germánicos celebraban estaciones equivalentes al invierno, la primavera y el verano. Sin embargo, grupos posteriores, como los islandeses, celebraban solo el invierno y el verano.

Ritual blot

El ritual blot era común en diferentes tribus germánicas y se practica hasta el día de hoy. Tradicionalmente, el blot se ofrece a una deidad en su día. Puede hacer un blot a una deidad diferente cada día de la semana. Aquí hay un ejemplo de una ofrenda a Thor:

Ingredientes:
- Un vaso o botella de una bebida natural. Puede usar agua, zumos naturales o cualquier cosa que no contenga sabores artificiales.

Instrucciones:
1. Busque un espacio tranquilo en la naturaleza antes del atardecer. Si hace el ritual un jueves, comience mirando hacia el este ya que Thor viaja hacia el este.
2. Sostenga la taza o botella con sus manos y llévela hacia su vientre. Intente sostenerla a la altura del ombligo.

3. Visualice cómo su energía viaja desde las palmas de las manos y el vientre hacia la botella o taza.
4. Respire hondo por la nariz y exhale lentamente, cantando el nombre de Thor (u otra deidad).
5. Ahora que el líquido ha sido cargado con su esencia, está listo para ser ofrecido a la deidad elegida.
6. Vierta un poco del líquido y levántelo hacia el cielo, ofreciéndoselo a la deidad.
7. Sostenga la taza o botella con ambas manos, colóquela frente a su vientre y repita el canto nueve veces.
8. Ahora el líquido ha sido cargado con el poder de la deidad elegida.
9. Levante la bebida una vez más hacia el cielo, reconozca las bendiciones de la deidad y beba.
10. No lo beba todo a la vez, tome pequeños sorbos durante toda la noche. De esta manera, sentirá el poder de la deidad dentro suyo, envolviéndolo lentamente con protección y curación.

Conectar con la naturaleza

La naturaleza juega un papel fundamental en las tradiciones paganas germánicas. Conectar con las energías de la naturaleza es un ritual de empoderamiento y una forma de establecer equilibrio en su vida. Pasar tiempo en la naturaleza o cerca de un elemento de la naturaleza por la mañana es un gran paso para comenzar el día.

Instrucciones:

1. Después de despertarse, recoja un amuleto, talismán o representación de la deidad o espíritu con el que se ha sentido conectado recientemente y llévelo con usted.
2. Prepare su café, té o desayuno y busque un lugar tranquilo en la naturaleza. Si puede salir a un jardín o terraza, hágalo. Si no puede salir, abra una ventana y siéntese allí. Alternativamente, puede sentarse junto a una planta en maceta; esto también representa la naturaleza.
3. Cualquiera que sea la opción que funcione para usted, tómese su bebida o desayuno.

4. Mientras lo haga, use el poder de la naturaleza para conectar a tierra y calmar su mente.
5. Cuando esté relajado, tome el amuleto, talismán u objeto que haya elegido y medite. No hace falta tener una idea en particular. Querer conectar es más que suficiente.
6. Puede meditar todo el tiempo que quiera, pero 5 minutos suelen ser suficientes. Todo el ejercicio (junto con el consumo de su bebida o comida) puede durar unos 15 minutos.
7. Se sentirá empoderado y listo para asumir los desafíos del día.

Capítulo 5: Paganismo eslavo

Este capítulo presenta el paganismo eslavo, es decir, las creencias y prácticas de los antiguos pueblos eslavos de Europa del Este. Mientras que los eslavos generalmente se subdividen en eslavos del este, oeste y sur, las creencias y deidades centrales son muy similares en todos los territorios eslavos. Además de aprender sobre los dioses y diosas eslavos más prominentes, mitos y festivales, al final de este capítulo aprenderá a dominar un ritual pagano eslavo para principiantes.

El camino pagano eslavo y su historia

Las creencias y tradiciones eslavas se transmitían oralmente, y la antigua religión también estaba fuertemente influenciada por el cristianismo. Existen muy pocos registros del antiguo sistema de creencias eslavo. Una de las pocas fuentes escritas que existen es la "Primera crónica eslava", que se originó a principios del siglo XII. Recopila las creencias religiosas de los eslavos, principalmente las que giran en torno a los dos dioses eslavos más prominentes, Perún y Veles. Según esta fuente, un tratado de paz en el siglo X entre los eslavos orientales y los emperadores bizantinos fue el resultado del deseo de los eslavos de mantener el equilibrio entre los poderes de las dos deidades.

Dazhbog, el dios Sol

Happycheetha32, CC BY-SA 4.0< https://creativecommons.org/licenses/by-sa/4.0 >, a través de Wikimedia Commons https://commons.wikimedia.org/wiki/File:Ellegua.jpg

Algunos registros indican que en el siglo X, los eslavos orientales adoraban un panteón de dioses distinto conocido como el Panteón del Príncipe Vladimir. Incluía a las deidades Dazhbog, Hors, Stribog, Simargl y Mokosh. Algunos se celebran hoy en día, pero las tradiciones de otras deidades se han perdido.

Si bien los registros sobre los paganos eslavos occidentales son más prolíficos que los que representan las creencias de los eslavos orientales, estos provienen del siglo XII, cuando la mayoría de los eslavos se convirtieron al cristianismo. Desafortunadamente, sus costumbres fueron registradas por sacerdotes alemanes que no hablaban lenguas eslavas. En consecuencia, muchos de los significados detrás de las tradiciones se perdieron en las traducciones. "Chronica Slavorum", un documento creado a finales del siglo XII, menciona a Czrnobog, Zorya y Perún, algunos de los dioses más importantes para los eslavos occidentales. También menciona varias deidades eslavas sin nombre con múltiples cabezas.

Se descubrieron estatuas de deidades eslavas en muchas regiones eslavas. Estos eran monumentos altos hechos de piedra y erigidos en lugares aún más altos. Muchas estatuas tienen múltiples caras, lo que indica que diferentes deidades tenían varios aspectos. Algunos sitios contenían varios santuarios dedicados a varios aspectos de la misma deidad. Otros hallazgos incluían una estatua de madera de tamaño humano con dos cabezas, lo que sugiere que algunas culturas podrían haber visto a las deidades como personas con habilidades sobrenaturales. Los expertos en mitología rusa coinciden en que muchos restos arqueológicos de las diferentes culturas y religiones eslavas antiguas tienen raíces comunes.

Puntos clave en el sistema de creencias paganas germánicas

La mitología eslava apunta a un sistema de creencias politeísta. Sin embargo, enfatiza la adoración de deidades con varios aspectos. Muchos dioses eslavos tienen varias caras y personalidades y podrían exhibir diferentes poderes. Se celebran en altares o santuarios, dentro de la naturaleza o cerca de ella. El paganismo eslavo es una religión que depende en gran medida de la naturaleza. Sus seguidores tienen como objetivo respetar la naturaleza tanto como sea posible, haciendo hincapié en la importancia de utilizar los recursos naturales correctamente.

Los practicantes paganos eslavos a menudo usan el poder de la naturaleza en rituales, hechizos y ceremonias, representándola con aire, tierra, fuego y agua. También emplean sal, que tiene propiedades limpiadoras y a menudo se usa para purificar el yo, el hogar, los objetos o las herramientas mágicas. Queman sal para obtener sal negra, que tiene propiedades limpiadoras aún más poderosas porque se quema con flores curativas. Las flores, las hierbas y las especias representan otra forma en que los paganos eslavos usan el poder de la naturaleza dentro de sus prácticas.

Para los paganos eslavos, el sol y la luna son las fuentes más potentes de energías protectoras y curativas. Tomar sol puede proporcionar empoderamiento para enfrentar los próximos obstáculos. Mirar a la luz de la luna limpiará la energía de una persona. Del mismo modo, dejar objetos bajo el sol o la luna los cargará con sus respectivos poderes.

Los paganos eslavos tienen varios métodos de adivinación populares. Uno de los más extendidos consiste en derretir cera y verterla en agua. A medida que la cera se endurece en el agua, crea ciertas formas que se analizan para determinar qué mensajes pueden revelar sobre el futuro.

Dioses y diosas más importantes

Si bien no está claro si los paganos eslavos alguna vez tuvieron un panteón unificado de dioses, sabemos que tienen varias deidades que fueron y siguen siendo adoradas en varias regiones eslavas.

Perún

Perún, el dios del trueno, vigilaba el cielo y enviaba sus luces. Era un dios de la guerra y tenía muchas similitudes con los dioses nórdicos Odín y Thor. Perún se asociaba a los robles y a partes activas de la naturaleza, y a menudo se describe como una entidad muy masculina.

Según un famoso mito eslavo, en la antigüedad, un roble sagrado era el hogar de todas las criaturas vivientes de este mundo. Las ramas superiores del árbol simbolizaban el cielo; su tronco y ramas inferiores estaban reservados para la tierra, mientras que sus raíces representaban el inframundo. Perún residía en las ramas superiores para ver todo lo que sucedía en el mundo. En la antigüedad, Perún era típicamente honrado en la naturaleza, y más tarde los devotos le construyeron templos y santuarios. Estos fueron erigidos en lugares muy altos para que los mensajes pudieran llegar a Perún más fácilmente.

Dzbog

Dzbog era el dios de la fortuna y el gobernador del fuego y la lluvia. Según las leyendas eslavas, daba vida a los cultivos en los campos desde el principio de los tiempos y en cada primavera. Su nombre se puede traducir en "abundancia" o "el dios que da", lo que implica que puede proporcionar abundante generosidad y cosecha. Dzbog era el patrón del fuego del hogar, otro elemento que permitía que un hogar se llenara de algo que todos necesitan: amor y prosperidad espiritual. Los devotos hacían ofrendas a Dzbog junto a un fuego ardiente, pidiéndole que se asegurara de que siempre tuvieran fuego para calentarse durante los meses más fríos.

Veles

Veles era el infame dios cambiaformas. A diferencia de Perún, que solo traía lluvia e iluminación, Veles traía tormentas que podían causar mucho daño. Debido a la rivalidad entre estas dos deidades, a menudo se decía que Veles usaba trucos para acercarse a Perún. Por ejemplo, un cuento lo describe tomando la forma de una serpiente y deslizándose por el roble sagrado para ver lo que Perún estaba haciendo en las ramas superiores. Según otras leyendas, Veles robó la novia y los hijos de Perún y los escondió en el inframundo. En muchos aspectos, Veles es muy similar a Loki, el dios tramposo nórdico. Se dice que practica la magia y la hechicería para traer obstáculos y contratiempos a la vida de las personas y los dioses.

Belobog y Czernobog

Belobog y Czernobog representan las reglas de las fuerzas opuestas. El primero era el dios de la luz, mientras que el otro era el dios de las tinieblas. Algunos dicen que no eran dos deidades, sino los dos aspectos de la misma deidad. Esta última creencia se deriva de la falta de evidencia de que Belobog o Czernobog sean adorados individualmente. Si bien se desconocen los orígenes de cualquiera de las deidades, la mayoría de los paganos eslavos están de acuerdo en que Czernobog (el dios negro) era una deidad con tendencias oscuras. Probablemente fue maldecido de pequeño y fue asociado a la muerte y la desgracia. Si las personas no se protegen, Czernobog puede causarles mucho daño. En algunas leyendas, se lo describe como un demonio. Por otro lado, Belobog era lo opuesto. Su nombre se traduce como "dios blanco" y a menudo se le oraba por bendiciones, guía y protección contra el mal o contra Czernobog.

Lada

Lada era la diosa del amor y la belleza, asociada con la primavera y la fertilidad. Era la patrona eslava del matrimonio y de los recién casados. Lada a menudo era invocada en bodas para bendecir la unión de recién casados. Tenía un hermano gemelo, Lado, con asociaciones similares y que también era llamado para bendecir uniones mortales. Otras fuentes afirman que Lada y Lado eran dos caras de la misma entidad, unificadas en el equilibrio perfecto de la energía femenina y masculina. Esto les permitía traer armonía a la vida de las parejas. En algunas fuentes, a Lada se le da un papel maternal. Se dice que es cariñosa con los que la siguen y la celebran. Lada es similar a la diosa nórdica Freyja, que también se asocia al amor, la belleza y la fertilidad.

Marzanna

Marzanna era la diosa eslava del invierno y la muerte. Era responsable de la muerte de la tierra durante los meses de invierno. Sin embargo, se cree que muere con el suelo, y que revive en primavera. Algunos cuentos afirman que renace como Lada, mientras que otros mitos afirman que Lada solo se hace cargo del dominio de la tierra en primavera. En varias tradiciones eslavas, Marzanna está simbolizada por una efigie, quemada o ahogada, como señal de un fin de ciclo y comienzo de otro.

Mokosh

Mokosh era la diosa de la fertilidad y la protectora de las mujeres. Como figura materna, velaba por las mujeres embarazadas y el nacimiento de sus hijos y garantizaba su bienestar en la crianza. Está vinculada a las tareas domésticas asociadas a las mujeres, como cocinar, tejer e hilar. Entre los eslavos orientales, Mokosh era vista como fuente de fertilidad. Le hacían ofrendas y la representaban con piedras en forma de pechos durante rituales y ceremonias. Otras veces, se la representa con órganos reproductores masculinos porque, como deidad de la fertilidad, también es responsable de la fertilidad masculina.

Svarog

Svarog era la deidad del fuego, el dios del sol, similar a Hefesto en la mitología griega. Estaba asociado a la orfebrería y la forja de metales. En la mitología eslava, Svarog fue el creador del mundo. Svarog a veces trabajaba junto a Perun, y las dos deidades a menudo se mezclan en un dios padre todopoderoso. Según la tradición, Svarog creó el mundo mientras dormía. Sus sueños dieron forma a la Tierra y al mundo como todos lo conocemos. Algunas fuentes afirman que Svarog continúa dando forma al mundo mientras duerme, y cuando se despierte, el mundo acabará.

Zorya

En la mitología eslava, Zorya es la diosa del crepúsculo y el amanecer. Está asociada a las estrellas matutina y vespertina, mostrando sus dos aspectos. Su aspecto matutino (Zorya Utrennjaja) abre las puertas del cielo al amanecer. Su aspecto vespertino (Zorya Vechernjaja) cierra las mismas puertas al atardecer. Según una conocida leyenda, Zorya muere a medianoche después de la muerte del sol. Luego renace por la mañana, al igual que el sol, que revive al amanecer.

Festivales y celebraciones

El mundo de los paganos eslavos es cíclico, lo que significa que todos los eventos se repiten cada año. Suelen celebrar los cambios en la naturaleza y las estaciones. Los principales eventos se celebraban en una serie de coloridas festividades que incorporaban diferentes rituales, ofrendas y fiestas.

Al observar la mitología eslava, es fácil entender las fechas más notables de su calendario. El calendario eslavo se basa en el año lunar. Este año comienza el primer día de marzo, similar a los calendarios tradicionales de otras antiguas culturas paganas. Varios días festivos conocidos en los calendarios de la era moderna se basan en las costumbres paganas eslavas. Halloween y Pascua son dos ejemplos de cómo las tradiciones generalizadas de adorar a las deidades eslavas se han convertido en fiestas modernas.

Otro ejemplo son las fiestas que se celebran en nombre de Veles. Veles era el dios del inframundo y era celebrado entre los paganos eslavos el último día del año. A continuación se presentan las fiestas eslavas más destacadas.

Koleda

Koleda es la celebración del comienzo del año pagano eslavo. En la antigüedad, era una celebración de Año Nuevo que tenía lugar durante el solsticio de invierno en diciembre. Después de que el paganismo eslavo cayera bajo la influencia del cristianismo, el Koleda se unificó con las vacaciones de Navidad. Sin embargo, el nombre de la festividad sigue siendo Koleda entre aquellos que siguen una filosofía pagana eslava, y suele celebrarse a través de costumbres ancestrales. Según diferentes mitos eslavos, la fiesta lleva el nombre de Kolyada, el dios del invierno, o Koliada, la diosa que revive al sol todas las mañanas.

El Koleda es un festival profundamente espiritual. Muchos devotos lo usan para celebrar rituales, hechizos y ceremonias como limpiezas espirituales. Esta tradición está ligada al papel de los espíritus en el sistema de creencias Salvic. El propósito principal de las celebraciones de Koleda es alejar los malos espíritus y las energías tóxicas del hogar y reemplazarlos con buenos espíritus y vibraciones positivas.

En la antigüedad, los eslavos se disfrazaban de animales y dedicaban oraciones y canciones a los buenos espíritus, invocándolos a través de la danza. A veces, la gente dejaba que la agresión se apoderara de ellos y se generaban peleas. Era un ritual que permitía una última oportunidad para que los malos espíritus controlaran el cuerpo, y luego debían abandonar la vida de las personas. Vestirse como animales era una forma de honrar a Veles, el dios del inframundo, los animales y los bosques. Simultáneamente, el Koleda también se dedica a otra deidad, Perun, el dios del trueno. Los dos dioses representan las dos caras de la misma moneda. Uno trae destrucción, mientras que el otro es creatividad. Establecen la abundancia natural, algo sagrado a ser honrado.

El Koleda es un momento de unión para las comunidades paganas eslavas. La comida suele compartirse. Dependiendo de las costumbres locales, la gente se reúne para comer, hablar y encender un fuego. Los niños están encargados de recolectar leña y llevar comida a las reuniones comunitarias. Mientras realizan sus tareas, cantan canciones Kolyadki, que hablan de deseos de felicidad, prosperidad y paz para todos al final del año.

Komoeditsa

Komoeditsa es una fiesta de primavera dedicada al dios oso. La celebración se produce a principios de marzo, en el equinoccio de primavera. La gente ofrece comida a esta deidad en el bosque. Para endulzar a la deidad, la gente le regalaba crepes con mermelada casera. Si bien este ritual de ofrenda de alimentos rara vez se practica en los tiempos modernos, su nueva versión, Maslenitsa, es muy popular. Debido a las influencias cristianas, el Maslenitsa se ha integrado al Carnaval cristiano occidental y se celebra más o menos en la misma época. Es un festival de una semana que termina con una ceremonia llamada "Domingo de Perdón". Durante esta ceremonia, la familia, los amigos y los miembros de la comunidad se reúnen para compartir un festín y pedir perdón. Pueden intercambiar regalos para mostrar sus remordimientos.

En algunos territorios, el Komoeditsa está dedicado a Lada y Lado, las deidades eslavas que ganan la mayor parte de sus poderes alrededor del equinoccio de primavera. Su fuerza radica en su capacidad para mezclar energías masculinas y femeninas, y simbolizan la fertilidad de la naturaleza y la nueva vida. La fiesta celebra el renacimiento de la naturaleza durante la primavera.

Krasnaya Gorka

Otra festividad primaveral en las culturas paganas eslavas es el Krasnaya Gorka. Este festival permite a los jóvenes conocerse, compartir una conversación, generar intimidad, posiblemente enamorarse y encontrar a sus futuros cónyuges. El festival dura varios días, y en la culminación, las jóvenes y los hombres se disfrazan, se reúnen, bailan juntos y cantan canciones sobre el amor y la felicidad. En algunas regiones, se dice que si una persona soltera se queda en casa durante el Krasnaya Gorka, permanecerá soltera por el resto de sus vidas.

En otras regiones, se anima a los jóvenes a pintar huevos de color amarillo o verde y compartirlos. Además de unir a las personas, este ritual honra a los antepasados. Tradicionalmente, los jóvenes hacen pasteles y crepes. Sin embargo, antes de eso, intercambiaban huevos y aceite, lo que les ayudaba a recordar y compartir la sabiduría de sus antepasados.

Kupala

El Kupala, conocido como "noche de Kupala" o "solsticio de verano", es una fiesta de verano, tradicionalmente celebrada a mediados de junio, en la noche más corta del año calendario. Durante estas festividades, la gente se reunía para cantar canciones alegres, bromear y contar chistes. Según las tradiciones eslavas, las mujeres eran más fértiles durante la noche de Kupala, y muchas parejas aprovechaban para concebir hijos sanos. Se creía que la noche o el día antes y después de la noche de Kupala aumentaba las posibilidades de un parto saludable.

Además de cantar y bailar, la gente usaba agua para simbolizar sus deseos de fertilidad y limpieza. Las mujeres que querían concebir se bañaban en agua cargada mágicamente para aumentar su energía femenina. Las doncellas jóvenes decoraban su cabello con flores frescas durante el día, y cuando llegaba la noche, se quitaban sus adornos y los arrojaban al río. Las flores arrojadas al agua representaban el deseo de una relación romántica y un matrimonio. Si las flores flotaban en la superficie del agua, se concedían los deseos de matrimonio de la niña. Sin embargo, si las flores se hundían, no llegaría ninguna relación o boda. Los niños entraban al agua, intentando rescatar las flores y despertar el interés de la doncella cuyas flores atrapaban. En algunas regiones, el culto a Kupala implica caminar hacia el bosque al atardecer para encontrar una flor de helecho, que supuestamente tenía propiedades mágicas y florecía solo en esta noche. En otros lugares, el

Kupala es simplemente celebrado por miembros de la comunidad que se reúnen junto a un gran fuego a cantar, bailar y saltar.

El festival de Perún

La fiesta del Perún se celebra a finales del verano. Para los paganos eslavos, es una forma de recibir la nueva temporada y llorar la anterior. Se dice que en esta época del año, los poderes de la naturaleza pasan de lo femenino a lo masculino.

La gente celebra el festival de Perún ofreciendo sacrificios a esta deidad. Saben que era el responsable de favorecer a la naturaleza durante el otoño, por lo que es crucial mantenerlo tranquilo. Las festividades a menudo incluyen encender una hoguera sagrada y usar amuletos protectores cargados de energía positiva. En la antigüedad, los hombres usaban estos amuletos cuando estaban en batalla. Durante el festival, los guerreros mostraban sus habilidades de guerra. Al final de las festividades, los hombres recreaban una pelea entre Perún y Veles, donde ganaba Perún.

El festival de Mokosh

Este festival marca el equinoccio de otoño en las religiones eslavas. Representa el comienzo de la temporada de cosecha y se celebra con la fiesta de la vendimia (conocida como Rodogosch o Tausen). El festival culmina con un ritual dedicado a Mokosh, la diosa de la tierra.

Mokosh a menudo representa la tierra húmeda, lo que indica su energía femenina. Los devotos encendían un fuego en el hogar o, en los tiempos modernos, una vela para honrar a la diosa. Esta diosa puede ser representada por una rueda durante el festival.

Las mujeres a menudo le piden a Mokosh que les ayude a proteger a sus familias y mantenerlas unidas y nutridas con energía positiva. La celebración de Mokosh disminuyó en popularidad a medida que la cultura eslava se volvió más patriarcal. Sin embargo, todavía hay regiones donde se celebran las viejas costumbres.

Un ritual para conectar con la naturaleza

Dado que el paganismo eslavo es una religión basada en la naturaleza, los seguidores a menudo realizan rituales para mejorar su conexión con la naturaleza. El siguiente rito se puede llevar a cabo siempre que desee acercarse a la naturaleza para obtener sus bendiciones, como fertilidad y energía. Se recomienda realizar este ritual en un día soleado en un lugar con mucha luz solar, ya que el sol es crucial en la fertilidad de la naturaleza.

Elementos:
- La representación de los cuatro elementos de la naturaleza (el aire, el fuego, la tierra y el agua). Puede usar una vela para el fuego.
- La representación de un quinto elemento, la sal.
- Una representación de un ser natural, por ejemplo, una planta o un pequeño animal.
- Una representación de una deidad (si está trabajando con una).
- Incienso natural (como savia de árbol).
- Luz solar o representación del sol.

Instrucciones:
1. Encuentre un espacio tranquilo para su ritual, preferiblemente cerca de una ventana en un día soleado. Si tiene un altar, hágalo allí. Alternativamente, vaya a un claro natural y realice el ritual directamente bajo el sol. De esta manera, solo necesita llevar algunos elementos al lugar del ritual (ya que algunos ya estarán allí).
2. Reúna sus suministros y colóquelos frente a usted. Los cuatro elementos deben colocarse en las cuatro esquinas del espacio frente a ustedes, mientras que el quinto debe colocarse en el medio.
3. Encienda la vela y coloque la planta o el animal frente a usted.
4. Respire hondo y concéntrese en su intención. Conecte con la naturaleza.
5. Cuando esté listo, diríjase a la naturaleza con las siguientes palabras:

    "Naturaleza sagrada, te respeto y te honro.

    Tú me centras y me conectas a tierra, y deseo permanecer cerca de ti.

    Por favor, bendíceme con abundancia, y siempre estaré agradecido por tus dones".
6. Mire hacia el sol y sienta cómo lo ayuda a conectar. Sienta cómo se revitaliza y se prepara para asumir los desafíos de la vida.

7. Más tarde, incluso podría inspirarse para ser más productivo o fértil en diferentes áreas de la vida.

Capítulo 6: Politeísmo griego

El politeísmo griego, a menudo denominado "helenismo", abarca una amplia gama de creencias y prácticas. En esencia, el politeísmo helénico comprende múltiples caminos espirituales que surgen de la vibrante y compleja mitología antigua de Grecia. Esta religión politeísta honra a un panteón diverso de dioses y diosas, cada uno con personalidades, historias y poderes únicos. Los practicantes que buscan revivir las antiguas prácticas religiosas griegas en una religión pagana moderna son conocidos como: helenos, reconstruccionistas helénicos o paganos helénicos. Por el contrario, otros practicantes afirman haber heredado las tradiciones antiguas originales transmitidas a través de los siglos. Independientemente de cuál sea su camino, el politeísmo griego es un viaje de descubrimiento y una oportunidad para explorar el rico patrimonio cultural de miles de años.

Dioses y diosas griegas
Immortality113, CC BY-SA 4.0< https://creativecommons.org/licenses/by-sa/4.0 >, a través de Wikimedia Commons: https://commons.wikimedia.org/wiki/File:Mt-olympus_gods.jpg

Muchas personas comparan el sistema de creencias helenístico con el paganismo. Si bien la palabra "*pagano*" se ha utilizado históricamente para describir cualquier religión no abrahámica, el helenismo es en gran medida un término general. La comparación del helenismo con el paganismo depende de cómo una persona defina el "paganismo". Por ejemplo, si considera que el paganismo se refiere a la fe no abrahámica, entonces sí, el helenismo entra en el concepto de las religiones paganas. Sin embargo, si define al paganismo como una religión moderna basada en la Tierra y el culto a la diosa, el politeísmo griego no encajaría en esta descripción. El politeísmo helénico se centra más en los antiguos dioses y diosas griegos.

Además, algunos helenos están en desacuerdo con ser etiquetados como paganos, ya que muchas personas asumen que todos los paganos son wiccanos, lo cual no es el caso. Algunos estudiosos argumentan que el término "pagano" nunca fue utilizado por los propios griegos para describir sus religiones. Esta teoría sugiere que los orígenes de la palabra "pagano" provienen de una palabra latina, traducida como "rústico" o "del campo", y fue utilizada originalmente por los primeros cristianos para referirse a los no cristianos. Fuera de la corriente principal de la sociedad, el término nunca fue usado en Grecia. Más aún porque el culto en la antigua Grecia estaba descentralizado, y cada ciudad tenía su propio culto y tradiciones. Por lo tanto, los griegos no se consideraban una entidad unificada como los romanos.

Si bien el politeísmo griego comparte muchas similitudes con el paganismo, particularmente su renacimiento moderno, las personas deben ser conscientes de las distinciones entre estos dos sistemas de creencias. El helenismo es una religión rica y compleja que abarca muchos aspectos de la filosofía, la religión y la vida social griegas. Surgió en la antigua Grecia durante el periodo clásico e influyó profundamente en el desarrollo de la civilización occidental. Este capítulo explica exhaustivamente el sistema de creencias helenístico, incluyendo su desarrollo histórico, costumbres y prácticas. En este capítulo descubrirá todos los aspectos del politeísmo griego, desde sus orígenes hasta sus celebraciones modernas.

Cómo la historia dio forma al sistema de creencias griego

La antigua Grecia es conocida como la cuna de la civilización occidental, pero ¿cómo surgió esto? ¿Cómo surgió el sistema de creencias politeísta? ¿Cuáles fueron los factores que dieron forma al helenismo y a la mitología griega? Las raíces del sistema de creencias griego se remontan a tiempos prehistóricos, cuando los lugareños creían en numerosos espíritus y deidades asociados a la naturaleza. Con el tiempo, las influencias culturales y los eventos históricos, este sistema de creencias se desarrolló aún más hasta convertirse en el complejo panteón de dioses que conocemos hoy en día.

Uno de los factores más importantes fue la influencia de las culturas vecinas. Los griegos estuvieron expuestos a muchas religiones y mitologías de otras civilizaciones, como Egipto, Mesopotamia y el Cercano Oriente. Adoptaron y adaptaron muchas de estas historias y creencias, y las incorporaron a su religión. Cada civilización contribuyó con sus elementos únicos al desarrollo de la mitología y la religión griegas:

Influencia egipcia

Los griegos estaban fascinados por la religión y la mitología egipcias, con su complejo panteón de dioses y diosas asociados a fenómenos naturales y animales específicos. Los griegos estaban particularmente interesados en el dios Thoth, asociado al conocimiento y la escritura. Con el tiempo, identificaron a Thoth con su dios Hermes, quien se hizo conocido como el mensajero de los dioses y el patrón de los viajeros y comerciantes. Esto condujo al desarrollo del hermetismo, una tradición espiritual que combinaba elementos de la religión y la filosofía griega y egipcia.

Influencia mesopotámica

El mito babilónico de la creación del dios Marduk tras matar al dragón primordial Tiamat y creando el mundo a partir de su cuerpo fue particularmente influyente en el mito griego de la creación. En la mitología griega, Zeus y sus hermanos derrocan a su padre, el titán Cronos, y se establecen como los gobernantes del universo. El mito mesopotámico también influyó en la historia del héroe griego Perseo, que mata a Medusa y usa su cabeza como arma.

Influencia de Oriente Próximo

El Oriente Próximo, o Cercano Oriente, también tuvo una gran influencia cultural en los griegos, y la antigua ciudad de Ugarit fue un importante centro de comercio y cultura en el Mediterráneo oriental. El panteón ugarítico de dioses y diosas, incluido Baal, el dios de las tormentas y la fertilidad, y Anat, la diosa de la guerra y la caza, influyó particularmente en los griegos. Muchas de las historias y atributos de estos dioses y diosas fueron adaptados e incorporados al Panteón griego. Por ejemplo, la diosa Atenea, asociada a la guerra y la sabiduría, podría haber sido influenciada por la diosa Anat.

El sistema de creencias politeísta de la antigua Grecia fue influenciado por las culturas vecinas y moldeado por los escritos y obras de poetas, dramaturgos y filósofos griegos. Estas son algunas de las formas en que estos individuos contribuyeron al desarrollo del politeísmo griego:

Hesíodo y Homero

Hesíodo y Homero fueron dos de los primeros y más influyentes poetas griegos. Escribieron poemas épicos cuyos personajes principales eran dioses y diosas. La "Teogonía" de Hesíodo y la "Ilíada" y "Odisea" de Homero proporcionaron a los griegos una base para su comprensión de los dioses y sus relaciones entre sí y con los mortales. La "Teogonía" de Hesíodo, en particular, detalla la creación del mundo y la genealogía de los dioses, una jerarquía establecida de deidades, y ayudó a definir sus roles y características.

La tragedia griega

La tragedia griega, que surgió en el siglo V a. C., fue una importante fuerza cultural que contribuyó al desarrollo del politeísmo griego. La tragedia a menudo presentaba historias sobre los dioses y sus relaciones con los mortales. Exploraba temas del destino, la justicia divina y las limitaciones del entendimiento humano. Dramaturgos como Esquilo, Sófocles y Eurípides utilizaron sus obras para explorar preguntas complejas sobre la naturaleza de los dioses y su relación con la humanidad. Por ejemplo, en la "Antígona" de Sófocles, la heroína desafía las leyes de la ciudad para honrar la ley divina, lo que lleva a un conflicto entre la autoridad del estado y la autoridad del dios.

Filosofía griega

La filosofía griega surgió en el siglo VI a. C. y contribuyó al desarrollo del politeísmo griego. Filósofos como Platón y Aristóteles utilizaron sus obras para explorar la naturaleza de los dioses y su relación con el mundo. Por ejemplo, el concepto de Platón de las *Formas* sugería que los dioses representaban la forma más alta y perfecta de la realidad. Por otro lado, Aristóteles argumentó que los dioses eran los motores inmóviles del universo, responsables de poner el mundo en movimiento, pero no de intervenir activamente en los asuntos humanos.

Los griegos también creían en el concepto de destino, que estaba estrechamente ligado a su comprensión de los dioses. Creían que los dioses controlaban los eventos del mundo y que los humanos estaban sujetos a sus caprichos. Esta idea fue reforzada por los oráculos venerados en toda Grecia como fuentes de sabiduría y guía divina.

Politeísmo griego y espiritualidad

Como ya sabe, el helenismo se basa en la adoración de un panteón de dioses y diosas. En el núcleo de la creencia helénica está la idea de que todo en el mundo está interconectado. Se expresa a través del concepto de cosmos, que se refiere al orden y la armonía del universo. Se cree que los dioses desempeñan un papel importante en el mantenimiento de este orden, y su adoración es una forma de mantener el equilibrio entre el mundo natural y la sociedad humana.

Los dioses son una parte central de la creencia y la práctica helénica. Cada dios o diosa está asociado a un aspecto específico del mundo natural, como el cielo, el mar o la tierra. Se asocian a virtudes como la sabiduría, el coraje o la belleza. Los practicantes helénicos a menudo desarrollan relaciones personales con los dioses a través de la oración, la meditación y las ofrendas. Los dioses no son vistos como omniscientes u omnipotentes, sino que se cree que tienen sus propias personalidades, deseos y áreas de influencia.

Los mitos y leyendas son una parte esencial de la tradición helénica, y se entretejen en su cultura. No son solo historias, sino depósitos de sabiduría, conocimiento y comprensión del funcionamiento del universo. A través de estos mitos y leyendas, los practicantes helénicos se conectan con los dioses, entienden los misterios del mundo natural y obtienen una apreciación más profunda de su lugar en el cosmos.

La narración de cuentos es vital para la práctica helénica. Cuentan con muchos rituales y ceremonias que incorporan mitos y leyendas. Estas historias a menudo se ritualizan, y el narrador actúa como un conducto entre los dioses y los oyentes. A través del poder de la narración, los practicantes helénicos pueden conectarse con lo divino, obtener información sobre sus vidas y fortalecer los lazos con su comunidad. Un mito que dio forma al sistema de creencias del helenismo fue la Cosmogonía de Hesíodo.

La Cosmogonía de Hesíodo es un mito de la creación que explica los orígenes del universo y el nacimiento de los dioses. Es una historia que ha capturado la imaginación de las personas durante siglos y continúa influyendo en el sistema de creencias helenístico actual. Y dice así:

Al principio de todo, había Caos, un vacío sin forma. Del Caos surgieron dos seres primitivos: Gaia, la Tierra, y su primogénito, Urano, el "cielo estrellado". Gaia tuvo muchos hijos, incluidos los Titanes, que fueron los primeros dioses. Entre los Titanes había figuras poderosas como Cronos, Rea y Océano.

Sin embargo, Urano era un padre cruel y tiránico, y sus hijos no eran felices. Cronos, el más joven de los Titanes, finalmente se rebeló contra su padre y lo derrocó con la ayuda de su madre, Gaia. Luego de convertirse en el nuevo gobernante de los dioses, Cronos se volvió aún más tiránico que Urano. Se tragó a sus hijos para evitar que lo desafiaran.

Sin embargo, uno de los hijos de Cronos, Zeus, se salvó. Creció en secreto y finalmente derrocó a su padre, convirtiéndose en el rey de los dioses. Con la ayuda de sus hermanos, los olímpicos, Zeus derrotó a los Titanes y se convirtió en el gobernante indiscutible del cosmos.

La historia de la Cosmogonía de Hesíodo proporciona una explicación fascinante de los orígenes del universo y es crucial para dar forma al sistema de creencias del helenismo. El mito enseña la importancia del orden, el equilibrio y la armonía en el mundo. Los dioses sirven como guías, personificando estos ideales, para que los mortales los sigan en su vida diaria.

Dioses y diosas

Cada dios y diosa en la mitología griega tenía un papel y atributos únicos que reflejaban diferentes aspectos de la experiencia humana. Juntos, formaban un panteón complejo e interconectado para explicar los fenómenos naturales, las emociones humanas y las complejidades de sus relaciones.

Zeus

Zeus era el rey de los dioses y el dios del cielo y el trueno. Era conocido por su poder, fuerza y sabiduría. A menudo se le representaba como un hombre fuerte y musculoso con barba, sosteniendo un rayo. Estaba casado con su hermana, Hera, que era parte de los doce dioses olímpicos. Zeus era conocido por sus numerosos romances y tuvo muchos hijos con mujeres mortales e inmortales. Era conocido por su sentido de justicia y por el mantenimiento del orden en el mundo.

Hera

Hera es la reina de los dioses y la diosa del matrimonio, el parto y la familia. A menudo se la representaba como una mujer hermosa con una corona o un tocado, sosteniendo una flor de loto o un cetro. Era ferozmente leal a su esposo, Zeus, pero era conocida por sus celos. Era protectora de mujeres y niños y estaba asociada al ámbito doméstico. Sus hijos son Hefesto, dios del fuego y la artesanía, y Ares, dios de la guerra.

Poseidón

Poseidón era el dios del mar, los terremotos y los caballos. A menudo se le representaba como un hombre musculoso con un tridente, montado en un carro tirado por caballos. Era conocido por su temperamento y a menudo se lo asociaba a la destrucción y la creación. Entre sus tres hermanos dividieron el mundo: Zeus recibió el cielo, Hades recibió el inframundo y Poseidón recibió el mar.

Deméter

Deméter era la diosa de la agricultura y la fertilidad. A menudo se la representaba como una mujer madura, con una gavilla de trigo o una cornucopia. Era la hermana de Zeus y la madre de Perséfone, quien fue secuestrada por Hades y llevada al inframundo. Se decía que el dolor de Deméter por la pérdida de su hija había causado el cambio de estaciones, y que los áridos meses de invierno representaban el momento en que Perséfone estaba en el inframundo.

Atenea

Atenea era la diosa de la sabiduría, la estrategia y la guerra. A menudo se la representaba como una mujer fuerte y hermosa que llevaba un casco, un escudo y una lanza. Nació completamente desarrollada y protegida por su padre, Zeus. Era una diosa virgen asociada con las artes, las ciencias, el deber cívico y la justicia.

Apolo

Apolo era el dios de la música, la poesía, la profecía y la curación. Era hijo de Zeus y Leto y hermano gemelo de Artemisa. Era conocido por sus habilidades musicales y a menudo se lo representaba con una lira o un arco y flechas. Apolo estaba asociado al Sol y se creía que conducía su carro en el cielo a diario. A menudo era consultado como oráculo en el templo de Delfos y se creía que tenía el poder de curar.

Artemisa

Artemisa era la diosa de la caza, el desierto, el parto y la virginidad. Era la hija de Zeus y Leto y la hermana gemela de Apolo. Artemisa a menudo se representaba con un arco y flechas y era conocida por su habilidad como cazadora. Estaba asociada con la Luna y se creía que ayudaba a las mujeres durante el parto. Artemisa a menudo era venerada como protectora de las mujeres jóvenes y defensora de la virginidad.

Deméter

Deméter era la diosa de la agricultura, la fertilidad y la cosecha. Era hija de Cronos y Rea y hermana de Zeus. Deméter a menudo se representaba con una gavilla de trigo o maíz. Era venerada como protectora de los agricultores y de los que trabajaban la tierra. Estaba asociada a las estaciones y se creía que tenía el poder de provocar los cambios de todas las estaciones.

Dioniso

Dioniso era el dios del vino, la fertilidad y el teatro. Era hijo de Zeus y Sémele y a menudo se lo representaba sosteniendo una copa de vino y rodeado de juerguistas. Dioniso estaba asociado a la naturaleza y solía ser adorado en rituales que involucraban vino y bailes extáticos. Era conocido por su capacidad para inspirar creatividad y era venerado como un mecenas de las artes.

Hades

Hades era el dios del inframundo y de los muertos. Era hijo de Cronos y Rea y hermano de Zeus y Poseidón. Hades gobernaba sobre los muertos y a menudo era representado como una figura oscura y premonitoria. Estaba asociado a la riqueza, ya que se creía que los minerales subterráneos eran de su dominio. Los mortales temían a Hades, ya que la muerte era vista como una separación final e irreversible del mundo de los vivos.

Hefesto

Hefesto era el dios griego del fuego, la metalurgia y la artesanía. Era hijo de Zeus y Hera. Hefesto era conocido por su habilidad excepcional en la elaboración de armas, armaduras y otros objetos de metal. A pesar de su importante papel en la mitología griega, a menudo era retratado con un físico poco atractivo, con una pierna flácida o deformada. Según las historias, su madre lo echó del Olimpo por su apariencia. Aterrizó en la isla de Lemnos, donde instaló su herrería. A pesar de sus limitaciones físicas, Hefesto era muy respetado por los otros dioses por su habilidad y creatividad. Se decía que había creado muchas de las armas y artefactos más famosos de la mitología griega, como los rayos de Zeus, el escudo de Aquiles y el carro del Sol.

Hermes

Hermes era uno de los doce dioses olímpicos de la mitología griega. Era hijo de Zeus y la Pléyade Maia y era conocido como el mensajero de los dioses. Hermes era un dios multifacético asociado a muchas responsabilidades, incluidos el comercio, los ladrones, los viajeros, los atletas y la diplomacia. Por lo general, se lo representaba como una figura juvenil y atlética, con un sombrero de ala ancha y con un caduceo (un bastón alado con dos serpientes envueltas a su alrededor). Era conocido por su velocidad y agilidad y a menudo los otros dioses lo llamaban para entregar mensajes o realizar tareas. Además de su papel como mensajero, Hermes era el dios de los ladrones y el comercio. Se creía que era el protector de los comerciantes y viajeros y estaba asociado a los límites entre diferentes lugares y reinos.

Festivales y celebraciones

El calendario helénico estaba lleno de celebraciones y rituales en honor a los dioses y diosas de la mitología griega. Estos eventos servían como celebraciones religiosas e importantes ocasiones sociales y culturales que unían a las comunidades.

Una de las celebraciones más conocidas eran los Juegos Olímpicos, que se celebran cada cuatro años en honor a Zeus. Los juegos eran el lugar para la competencia atlética y actividades como correr, saltar y luchar. Los ganadores eran celebrados como héroes, y los juegos eran una forma de promover la unidad y la paz entre las ciudades-estado de la antigua Grecia.

Otro ritual importante eran los Misterios eleusinos, celebrados en honor a la diosa Deméter y su hija Perséfone. Los misterios eran rituales secretos abiertos solo a aquellos que habían sido iniciados en el culto de Deméter. Se decía que los rituales revelaban los secretos de la vida, la muerte y el más allá. Se creía que traían purificación espiritual e iluminación a los que participaban.

Las fiestas dionisíacas, celebradas en honor al dios Dioniso, eran otro acontecimiento importante en el calendario helénico. Estos festivales estaban marcados por música salvaje y estridente, danza y celebraciones festivas. Los seguidores de Dioniso creían que al participar en estos rituales extáticos, podían experimentar la comunión divina con ese dios y alcanzar un estado de trascendencia y liberación espiritual.

Además de las celebraciones y rituales tradicionales, los festivales y eventos de hoy en día están inspirados en el politeísmo helénico. Estos eventos a menudo son organizados por las comunidades helénicas modernas y sirven para honrar a los dioses y diosas de la mitología griega. Un evento es el Festival del Renacimiento Helénico, que se celebra anualmente en Grecia. Este festival presenta actuaciones de música, danza y teatro que celebran la herencia helénica de Grecia y rinde homenaje a los antiguos dioses y diosas.

Ritual helénico

El helenismo otorga gran importancia a la práctica de rituales y ceremonias como formas de honrar a los dioses y mantener una conexión con lo divino. Estos rituales a menudo implican ofrecer sacrificios, como comida, bebida o animales. Los templos y otros sitios sagrados son importantes para los practicantes helénicos. Allí se puede contactar y adorar a los dioses. Estos rituales y ofrendas ayudan a reforzar la interconexión del mundo natural y la relación entre los humanos y los dioses.

Un sencillo ritual helénico que puede realizar es el Ritual de Libación. Este ritual consiste en verter una pequeña cantidad de vino, aceite de oliva o miel como ofrenda a los dioses y diosas.

Materiales:
- Un tazón o taza pequeña para la libación
- Vino, aceite de oliva o miel
- Una vela o incienso
- Cualquier ofrenda o símbolo que le gustaría incluir, como flores, hierbas o estatuas de los dioses y diosas

Preparación:
- Elija un espacio sagrado en su hogar o al aire libre y prepare el espacio usando símbolos u objetos significativos para usted.
- Encienda la vela o el incienso para crear un ambiente tranquilo y concentrado.
- Elija a la deidad o deidades que quiera honrar y prepare una pequeña ofrenda de vino, aceite de oliva o miel.

Ritual:
1. Párese frente a su altar o espacio sagrado y respire hondo, centrándose en el momento presente.
2. Encienda la vela o incienso, y ofrezca una oración o invocación a los dioses y diosas, invitándolos a su presencia para que bendigan su ritual.
3. Vierta una pequeña cantidad de la libación en el tazón o taza, y agradezca o manifieste su intención a la deidad que está honrando.

4. Levante el cuenco o taza en sus manos y ofrezca la libación como ofrenda a la deidad. Al verter el líquido, puede decir una oración, cantar un himno o simplemente ofrecer sus pensamientos e intenciones.
5. Después de que se vierta la libación, ofrezca otras ofrendas o símbolos, como flores, hierbas o incienso, y medite o reflexione sobre su conexión con la deidad y sus enseñanzas.
6. Cuando esté listo, apague la vela o incienso, y dé gracias a la deidad por su presencia y bendiciones.

Consideraciones éticas y de seguridad:

- Siempre sea respetuoso y atento al realizar cualquier práctica espiritual.
- Tenga cuidado al trabajar con velas o incienso, y asegúrese de no dejarlos desatendidos.
- Use solo una pequeña cantidad de alcohol si elige vino para la libación y evite beber alcohol en exceso durante el ritual.

El politeísmo y la espiritualidad griegos ofrecen una visión única y convincente del mundo, y ha influido en innumerables culturas a lo largo de la historia. Desde las complejas relaciones entre los dioses y las diosas hasta la importancia de la música, la danza y las fiestas, este sistema de creencias ofrece una rica y diversa gama de tradiciones que continúan inspirando hoy en día. Si usted es un seguidor del paganismo o simplemente está interesado en explorar nuevas prácticas espirituales, los rituales y celebraciones del helenismo ofrecen una forma poderosa de conectarse con lo divino y encontrar sentido a su vida.

Capítulo 7: Wicca, una visión neopagana

El paganismo ha existido durante siglos y abarca diversas prácticas y creencias espirituales que honran el mundo natural y sus ciclos. Sin embargo, es difícil no pensar inmediatamente en la Wicca. La Wicca surgió a principios de la década de 1950 como una nueva forma de paganismo, inspirándose en antiguas prácticas y creencias paganas. A pesar de ser relativamente nuevo en comparación con otros caminos paganos, la Wicca ha crecido en popularidad a lo largo de los años y es una espiritualidad prominente e influyente en los tiempos modernos.

Pero, ¿qué es la Wicca? ¿En qué se diferencia de otras formas de neopaganismo? Mientras explora el mundo de la Wicca y el neopaganismo moderno, descubrirá un paisaje espiritual vibrante y diverso que honra la sacralidad de la naturaleza y los ciclos de la vida. Particularmente, la Wicca se basa en antiguas prácticas paganas y mágicas, e incorpora al mismo tiempo nuevas creencias e ideas. El camino de la Wicca es intrigante y complejo, e incluye cuestiones como la Rede Wicca y otras diversas tradiciones y festivales. Aunque a menudo se usan indistintamente, no todos los neopaganos son wiccanos, y viceversa. Veamos los matices y diferencias entre la Wicca y el neopaganismo, y descubra sus particularidades.

Las tradiciones y hechizos de la Wicca honran la naturaleza
https://unsplash.com/photos/KnBHXJzqIRs?utm_source=unsplash&utm_medium=referral&utm_content=creditShareLink

Orígenes de la Wicca y el neopaganismo

La Wicca y el neopaganismo tienen sus raíces en antiguas prácticas paganas, que se extendieron por toda Europa antes de la difusión del cristianismo. El surgimiento del cristianismo condujo a la supresión y persecución del paganismo, pero las creencias y prácticas sobrevivieron y continuaron evolucionando en secreto. A principios del siglo XX, el interés por el paganismo resurgió, particularmente con el crecimiento de los movimientos ocultos y esotéricos. En la década de 1950, Gerald Gardner, un inglés iniciado en un aquelarre de brujas, promovió públicamente la Wicca como una nueva forma de paganismo. Esto marcó el nacimiento de la Wicca como un camino espiritual distinto, aunque se basó en gran medida en antiguas creencias y prácticas paganas.

Por otro lado, el neopaganismo se refiere a un paraguas más amplio de caminos paganos modernos que se inspiran en varias tradiciones antiguas. Incluye tradiciones como el druidismo, el asatru y el helenismo. El neopaganismo surgió en los años sesenta y setenta. Se caracteriza por un fuerte enfoque en las preocupaciones ecológicas y ambientales y un rechazo al patriarcado y otras estructuras jerárquicas.

Comparación entre Wicca y neopaganismo

La Wicca suele estar asociada al neopaganismo. Sin embargo, es importante entender que no son sinónimos. Si bien todos los wiccanos son neopaganos hasta cierto punto, no todos los neopaganos son wiccanos. La Wicca es una tradición neopagana específica con sus propias creencias, prácticas y rituales.

Una de las diferencias clave entre la Wicca y otras tradiciones neopaganas es el énfasis en la brujería y la magia. Si bien muchas tradiciones neopaganas incorporan prácticas mágicas, la Wicca enfatiza fuertemente la magia como un aspecto central de su práctica. Otra diferencia es la existencia de cofradía. Mientras que algunas tradiciones neopaganas se practican en grupos, la Wicca es conocida por presentar cofradías típicamente dirigidas por una alta sacerdotisa o sacerdote.

El sistema de creencias wiccanas

La Wicca es una religión pagana moderna con raíces en antiguas prácticas paganas. Se caracteriza por su reverencia a la naturaleza, la creencia en una figura divina femenina y masculina, y el uso de la magia y el ritual. Estos son algunos puntos clave en el sistema de creencias de la Wicca.

- **Politeísmo:** los wiccanos creen en la existencia de múltiples dioses y diosas, cada uno con sus distintas personalidades y áreas de influencia. Estas deidades a menudo se asocian con elementos y fuerzas naturales como el sol, la luna y la Tierra.
- **Polaridad divina:** los wiccanos creen en el concepto de polaridad divina, que postula que el universo está formado por dos fuerzas complementarias, la femenina y la masculina. Estas fuerzas a menudo están representadas por una diosa y un dios, respectivamente.
- **Reverencia por la naturaleza:** los wiccanos creen en la sacralidad inherente de la naturaleza y buscan vivir en armonía con el mundo natural. A menudo celebran los cambios de estación y los ciclos de la luna a través de rituales y ceremonias.
- **El poder de la intención:** los wiccanos creen que los pensamientos y las intenciones tienen el poder de dar forma al mundo. A menudo se expresa a través de magia y rituales.

La Rede Wicca y su importancia

La Rede Wicca es una declaración de ética fundamental para el sistema de creencias Wicca. Declara que "Si no daña a nadie, haz lo que quieras". Es decir, que si sus acciones no causan daño a los demás, usted es libre de actuar de acuerdo con su propia voluntad. Esta Rede a menudo se interpreta como un llamado a la responsabilidad personal y al comportamiento ético. La Rede Wicca se utiliza a menudo como principio rector en la toma de decisiones y para promover acciones positivas y desalentar las negativas.

La Rede Wicca no es un mandamiento, sino una guía para el comportamiento ético. Corresponde al wiccano individual interpretar la Rede y aplicarla a sus vidas. Algunos wiccanos interpretan la Rede en el sentido de que deben evitar causar daño a cualquier ser vivo, mientras que otros adoptan un enfoque más matizado y entienden que a veces el daño es necesario para protegerse a sí mismos o a los demás.

La Rede a menudo se ve como una forma de promover la armonía y el equilibrio en el mundo. Los wiccanos creen que sus acciones tienen un efecto dominó que afecta al mundo que los rodea, y la Rede es una forma de promover la energía positiva y desalentar la energía negativa. Al seguir a la Rede, los wiccanos pueden vivir de acuerdo con sus creencias y promover un mundo más pacífico y armonioso.

El papel de la magia en la Wicca

La magia es una parte integral del sistema de creencias de la Wicca. Los wiccanos creen que a través del ritual y la intención, pueden aprovechar el poder del universo y manifestar sus deseos a través de hechizos diseñados para dirigir la energía hacia un objetivo específico. Los wiccanos también creen en el karma, que establece que la energía que pone en el mundo volverá a usted. Por lo tanto, la magia es vista como una forma de promover un cambio positivo en el mundo mientras asume la responsabilidad de sus acciones.

Tradiciones wiccanas

La Wicca es una religión muy diversa con muchas tradiciones diferentes. Cada tradición tiene sus prácticas, creencias y rituales únicos, y puede ser difícil comprender las diferencias. Esta sección proporciona una descripción general de algunas de las tradiciones wiccanas más populares y explica sus diferencias.

Wicca gardneriana

Una de las tradiciones wiccanas más conocidas es la Wicca gardneriana, que Gerald Gardner fundó en la década de 1950. Esta tradición enfatiza la adoración del dios astado y la diosa madre y enfatiza fuertemente la iniciación y la pertenencia a la cofradía. La Wicca gardneriana es una tradición altamente estructurada, y se espera que sus miembros sigan reglas y prácticas específicas.

- Los rituales wiccanos gardnerianos se llevan a cabo típicamente en un círculo, representando el espacio sagrado entre el mundo físico y el espiritual. El círculo se construye utilizando varias herramientas y símbolos, como una varita o una espada, junto a los cuatro elementos (tierra, aire, fuego y agua) usados para proteger el espacio y a quienes se encuentran dentro de él.
- El ritual suele ser dirigido por una Suma Sacerdotisa o Sumo Sacerdote, con la asistencia de otros miembros de la cofradía. El ritual puede incluir cantos, tambores, bailes y meditaciones. Los miembros del aquelarre pueden asumir roles específicos durante el ritual, como invocar a un elemento o deidad en particular.
- Uno de los elementos clave de los rituales de la Wicca gardneriana es el uso del Gran Rito. Este rito implica una unión simbólica del dios astado y la diosa madre, representando la unión de las energías masculinas y femeninas. En algunos rituales, esto implica una cuchilla ritual (el athame) y un cáliz de vino u otro líquido.
- Otro aspecto importante de los rituales de la Wicca gardneriana es el uso de la energía mágica para manifestar deseos o intenciones. Por ejemplo, hechizos, visualizaciones u otras técnicas para enfocar y dirigir la energía hacia un objetivo en particular.
- Al final del ritual, el círculo se abre, se agradece y se liberan los elementos. Los miembros de la cofradía suelen compartir comida y bebida como símbolo de comunidad y compañerismo.

Wicca alejandrina

Otra tradición popular de la Wicca es la Wicca alejandrina, fundada por Alex Sanders en la década de 1960. Esta tradición es similar a la Wicca gardneriana en muchos aspectos, pero pone un mayor énfasis en la magia ceremonial y el ritual. Los wiccanos alejandrinos a menudo usan varias herramientas y símbolos en sus rituales, como espadas, cálices y varitas.

- Una de las diferencias clave entre la Wicca gardneriana y la Wicca alejandrina es el enfoque en el uso de la magia ceremonial. Si bien ambas tradiciones usan el ritual y la magia para conectarse con lo divino, los wiccanos alejandrinos enfatizan en gran medida el uso de técnicas de magia ceremonial, como el drama ritual y correspondencias y símbolos específicos.
- Los rituales Wiccanos alejandrinos son similares en estructura a los rituales gardnerianos en términos de usar un círculo sagrado, invocar a los elementos y deidades, y usar el Gran Rito. Sin embargo, la Wicca alejandrina incorpora elementos adicionales, como drama ritual, trabajo en trance y correspondencias y símbolos específicos para enfocar y dirigir la energía mágica.
- Otro aspecto clave de la Wicca alejandrina es el sistema de grados, que consta de tres grados de iniciación. Al igual que con la Wicca gardneriana, la iniciación en cada grado implica enseñanzas y prácticas específicas, y se espera que los iniciados progresen para profundizar su comprensión y conexión con lo divino.
- Algunos otros aspectos notables de la Wicca alejandrina incluyen el símbolo de la Rosa Cruz, el énfasis en la magia ceremonial y el enfoque en el sistema de títulos como medio de crecimiento y desarrollo espiritual.

Wicca ecléctica

La Wicca ecléctica es una tradición más moderna que surgió en la década de 1970. Esta tradición está menos estructurada que la Wicca gardneriana o alejandrina y permite una mayor flexibilidad e individualismo. Los wiccanos eclécticos a menudo recurren a diversas tradiciones y prácticas y crean sus rituales y prácticas en función de sus creencias y experiencias personales.

- La Wicca ecléctica es una forma no iniciática de Wicca que a menudo practican personas que no se sienten atraídas por ninguna tradición o cofradía específica. Es una Wicca altamente individualizada que permite a los practicantes elegir elementos de varias tradiciones e incorporarlos a su práctica.
- Como su nombre indica, la Wicca ecléctica combina diferentes tradiciones wiccanas y otras prácticas espirituales y religiosas. Los practicantes de la Wicca ecléctica a menudo crean sus propios rituales, hechizos y correspondencias basados en lo que les resuena mejor.
- Dado que la Wicca ecléctica es tan personalizada, la tradición no tiene proceso de iniciación ni jerarquía. Muchos wiccanos eclécticos practican solos, pero algunos se unen a grupos o cofradías que también son de naturaleza ecléctica.
- Uno de los aspectos clave de la Wicca ecléctica es el énfasis en la responsabilidad personal y la idea de que el practicante es la máxima autoridad en su práctica espiritual. Por lo tanto, no hay una sola forma "correcta" de practicar la Wicca ecléctica, y se alienta a los practicantes a experimentar y encontrar lo que funciona mejor para ellos.
- Los wiccanos eclécticos se inspiran en numerosas fuentes, incluidas diferentes tradiciones wiccanas, otras espiritualidades paganas y terrestres, e incluso fuentes no espirituales, como la literatura o la cultura popular. Esto hace que la Wicca ecléctica sea una tradición altamente adaptable y flexible que puede satisfacer las necesidades e intereses de los practicantes individuales.

Hay muchas otras tradiciones wiccanas, incluida la Wicca diánica, que pone un mayor énfasis en adorar a la diosa; la Wicca celta, que se basa en las tradiciones de las antiguas culturas celtas; y la Tradición Feri, que enfatiza las experiencias extáticas y de trance.

Si bien cada tradición Wicca tiene sus prácticas y creencias únicas, hay muchas similitudes entre ellas. La mayoría de los wiccanos creen en la adoración de un dios astado y una diosa madre, y muchos enfatizan fuertemente los rituales y la magia. Sin embargo, las diferencias entre las tradiciones pueden ser significativas, y es importante que los wiccanos consideren cuidadosamente sus creencias y valores antes de elegir una tradición en particular.

Festivales wiccanos

Los festivales wiccanos, conocidos como sabbats, son parte integral del sistema de creencias y el calendario wiccanos. Durante todo el año se celebran ocho sabbats importantes, cada uno de los cuales marca un punto importante en el ciclo agrícola y en el cambio de estaciones.

Samhain

El Samhain se celebra el 31 de octubre y se considera el Año Nuevo wiccano. Es un momento para honrar a los antepasados, recordar a los seres queridos que han fallecido y dejar de lado las cosas que ya no te sirven. Este festival a menudo se asocia con la adivinación. Se cree que el velo que separa a los vivos y a los muertos está debilitado. La gente ofrendaba comida y bebida en sus puertas para honrar y dar la bienvenida a sus antepasados o les ponían un plato en la mesa. Esta práctica se asemeja a las celebraciones del Día de Muertos en México y otros países de América Latina. Como la adivinación era una parte importante de las celebraciones del Samhain, muchas personas creían que en esta noche podían comunicarse con los espíritus de sus antepasados y recibir sus mensajes y orientación. Usarían herramientas de adivinación como cartas del tarot, espejos videntes y pentagramas Ogham para conectarse con el mundo de los espíritus.

Yule

El Yule se celebra en el solsticio de invierno, generalmente alrededor del 21 de diciembre. Marca el día más corto y la noche más larga del año. Es un momento para celebrar el regreso del Sol y el alargamiento de los días. El Yule a menudo se asocia con el nacimiento de un dios y la renovación de la Tierra. Muchos paganos y wiccanos modernos celebran el Yule como uno de los ocho sabbats, durante los cuales se reúnen para realizar rituales y hacer hechizos o celebrar de una manera más solitaria. Cualquiera sea el enfoque, el Yule es un momento para honrar los ciclos de la naturaleza y celebrar la luz que brilla dentro de todos.

Imbolc

El Imbolc se celebra el 1 o 2 de febrero y marca el comienzo de la primavera. Es un momento para honrar a la diosa Brígida, que está asociada a la curación, la creatividad y la inspiración. El Imbolc se celebra a menudo con rituales de purificación y encendiendo velas para representar la luz del Sol. Además de los rituales de purificación y las velas, el Imbolc se celebra a través de banquetes e intercambios de regalos. Algunos alimentos tradicionales asociados con el festival incluyen productos lácteos, como leche, queso, pan y pasteles.

Ostara

El Ostara se celebra en el equinoccio de primavera, generalmente alrededor del 20 de marzo. Marca el equilibrio entre la luz y la oscuridad y el comienzo de la temporada de siembra. Ostara a menudo se asocia con la diosa Eostre, asociada a la fertilidad, el crecimiento y los nuevos comienzos. Ostara es un momento para celebrar el poder del mundo natural y la interconexión de todas las cosas. Algunos rituales comunes practicados durante el Ostara incluyen plantar semillas, crear artesanías de primavera y decorar huevos, símbolos de una nueva vida y renacimiento.

Beltane

El Beltane se celebra el 1 de mayo y marca el comienzo del verano. Es un momento para celebrar la unión del dios y la diosa y la fertilidad y abundancia de la Tierra. El Beltane a menudo se celebra con bailes en un árbol de mayo, con coronas de flores y hogueras. Un aspecto clave del Beltane es la hoguera, que es considerada una forma de purificar y renovar la energía de la tierra. El fuego está asociado con la idea de transformación y algunas personas saltan sobre las llamas para simbolizar su voluntad de abrazar el cambio y el crecimiento.

Litha

El Litha se celebra en el solsticio de verano, generalmente alrededor del 21 de junio. Marca el día más largo y la noche más corta del año y un momento para celebrar el poder del sol y la abundancia de la tierra. El Litha a menudo se asocia con el dios Lugh, asociado a las habilidades, artesanía y creatividad. En el Litha, los practicantes celebran a través de numerosos rituales y actividades, que incluyen hogueras, fiestas y coronas de flores. Algunas personas optan por pasar tiempo al aire libre, absorbiendo la energía del sol y conectándose con el mundo natural.

Lammas/Lughnasadh

El Lammas o Lughnasadh se celebra el 1 de agosto y marca el comienzo de la temporada de cosecha. Es un momento para honrar al dios Lugh, asociado a la cosecha de granos, y a la diosa madre de la cosecha. El Lammas a menudo se celebra horneando pan y compartiendo comida. Otro tema clave del Lammas es el sacrificio. Los primeros frutos de la cosecha se ofrecen como sacrificio a los dioses en reconocimiento a su provisión para el pueblo. Este sacrificio se considera una forma de garantizar la abundancia y la prosperidad para el próximo año.

Mabon

El Mabon se celebra en el equinoccio de otoño, generalmente alrededor del 21 de septiembre. Marca el equilibrio entre la luz y la oscuridad y la segunda cosecha del año. El Mabon a menudo se asocia con el dios Mabon, asociado al renacimiento y el cambio de las estaciones. Se realizan actividades que reflejan la abundancia de la cosecha, como la recolección de manzanas, la vinificación y la creación de artesanías con temática de cosecha. Los actos de caridad son comunes, y la gente reconoce que las bendiciones recibidas están destinadas a ser compartidas. Cuando el sol llega al Mabon, se encienden velas y la gente se reúne alrededor del fuego para compartir historias y reflexionar sobre los ciclos de la vida y el paso del tiempo.

Cada festival se celebra con rituales y prácticas específicas diseñadas para honrar la energía y los temas específicos del sabbat. Estos incluyen ofrendas a los dioses y diosas, hechizos, encender velas o fuegos, crear altares y espacios sagrados, y compartir comida y bebida.

La importancia de estas fiestas radica en su conexión con el mundo natural y el cambio de las estaciones. Al honrar los ciclos de la Tierra y la energía de cada estación, los wiccanos creen que pueden cultivar una conexión más profunda con el mundo natural y lo divino. Estos festivales sirven como un momento para unirse como comunidad y celebrar las creencias compartidas.

Estructura y roles de la Wicca

La Wicca es una religión descentralizada sin autoridad ni jerarquía central. Su estructura se basa en cofradías, pequeños grupos de wiccanos que se reúnen para practicar su oficio. Por lo general, se asignan varias funciones y responsabilidades a sus miembros.

En la parte superior de la jerarquía Wicca está la Suma Sacerdotisa o Sumo Sacerdote, que es el líder de la cofradía. La Suma Sacerdotisa o Sumo Sacerdote es responsable de dirigir los rituales, enseñar a los nuevos miembros y guiar el desarrollo espiritual del grupo. Son responsables de mantener las tradiciones y garantizar que se adhiera a la ética y los principios wiccanos.

Debajo de la Suma Sacerdotisa o Sumo Sacerdote están los miembros de la cofradía. Por lo general, los miembros son iniciados en la cofradía y se espera que participen en actividades como rituales y reuniones. Pueden asumir roles específicos, como secretario o tesorero.

Además de estos roles, hay varios grados de iniciación dentro de la Wicca. Estos grados significan el nivel de conocimiento y experiencia de un wiccano dentro de la religión. Los wiccanos de primer grado suelen ser nuevos en la religión y aún no se han iniciado en una cofradía. Los wiccanos de segundo grado han sido iniciados en una cofradía y tienen una comprensión más profunda de las prácticas y creencias wiccanas. Los wiccanos de tercer grado son considerados Sumos Sacerdotes o Sumas Sacerdotisas y tienen el conocimiento y la experiencia necesarios para dirigir sus cofradías.

Ritual sencillo de luna llena

El objetivo de este ritual es honrar la luna llena y conectar con su energía. A través de este ritual, tendrá la oportunidad de profundizar su comprensión y apreciación de los ciclos y ritmos naturales de la tierra y la luna y alinearse con las poderosas energías durante la fase de luna llena.

Materiales:
- Una vela (preferiblemente blanca o plateada)
- Fósforos o encendedor
- Un trozo de papel y un bolígrafo
- Un plato pequeño con agua
- Cualquier herramienta ritual adicional (opcional)

Instrucciones:
1. Elija un espacio tranquilo y al aire libre donde pueda ver la luna llena. Alternativamente, puede instalar un altar en el interior de su casa con una representación de la luna, como una imagen o una estatua.
2. Comience por conectarse a tierra y enfocarse. Tome unas cuantas respiraciones profundas y visualícese presente en el momento.
3. Encienda la vela y sosténgala hacia la luna. Bendiga con algo como "Bendita sea la luz de la luna llena".

4. Escriba lo que quiera liberar o dejar ir en el papel y las intenciones u objetivos que desea manifestar en el próximo mes. Doble el papel y colóquelo en el plato con agua.
5. Ponga sus manos sobre el plato y diga: *"Libero lo que ya no me sirve y me abro a nuevas oportunidades de crecimiento"*. Visualice el agua absorbiendo la energía negativa o los pensamientos y sentimientos no deseados.
6. Tómese un momento para sentir la energía de la luna llena y conéctese con su intuición y sabiduría interior.
7. Cuando esté listo, apague la vela y diga: *"Que así sea"*.
8. Deseche el papel y el agua de manera segura y respetuosa con el medio ambiente.
9. Cierre el ritual agradeciendo a las deidades o espíritus a los que llamó y agradeciéndose por tomarse el tiempo para honrar la luna llena.

A pesar de tener miles de años, la Wicca y el neopaganismo siguen siendo prácticas espirituales relevantes para muchas personas en los tiempos modernos. A medida que la sociedad se desconecta más de la naturaleza y la espiritualidad tradicional, muchas personas recurren a la Wicca y al neopaganismo como una forma de reconectarse con el mundo natural y su espiritualidad. La Wicca y el neopaganismo permiten a las personas crear sus propias prácticas espirituales basadas en sus creencias y valores. De esta manera, la Wicca y el neopaganismo siguen siendo prácticas importantes y relevantes para muchas personas en el mundo moderno.

Capítulo 8: Aplicación de creencias paganas en la vida diaria

Este capítulo final adopta un enfoque práctico de lo que significa ser un pagano moderno y cómo practicarlo en su vida cotidiana. Este capítulo le dará instrucciones sobre cómo encontrar una deidad con la que trabajar, armar un altar, celebrar fiestas paganas, comenzar un diario o grimorio, conectarse con otros paganos, entre otras cosas.

Encuentre a su deidad tutelar

Si bien tener una deidad tutelar es opcional, estos pueden ayudarlo y guiarlo en la dirección correcta. Pueden protegerlo y empoderarlo durante su trabajo pagano (mágico o de otro tipo) y ayudarlo a sanar si es necesario. Sin embargo, si decide encontrar una deidad tutelar, debe comenzar por conocerse a sí mismo. Recuerde, el poder viene de dentro de usted. Cualquier energía que reciba de un ser divino o de la naturaleza solo amplificará el poder que usted ya tiene. Entonces, la mejor manera de encontrar la deidad que lo empodere es buscar a aquellos cuyos corresponsales resuenen con usted.

Puede leer sobre deidades que le parezcan interesantes para conectar con ellas
https://unsplash.com/photos/KnBHXJzqIRs?utm_source=unsplash&utm_medium=referral&utm_content=creditShareLink

Investigue aquellas que le parezcan interesantes. Mientras lee sobre cada dios o diosa en particular, escuche su intuición. Si se siente particularmente atraído por uno, profundice en sus antecedentes, historia, mitos y correspondencias. Aprenda cómo otros practicantes modernos trabajan con el dios o la diosa. Si está absolutamente seguro de querer trabajar con una deidad en particular, póngase en contacto con ellos dedicándoles una oración. Alternativamente, puede encender una vela y mirar sus llamas mientras canta el nombre de la deidad. Sin embargo, a veces el simple hecho de mostrar interés en ellos llamará su atención y se pondrán en contacto con usted.

Si la deidad que ha elegido no se comunica con usted de inmediato, no se preocupe. Pueden sentir que no usted necesita ayuda en ese momento. O bien, quizás no sabe aún cómo reconocer o descifrar sus señales. Si bien puede expresar cómo le gustaría que lo contactaran, algunas deidades tienen sus propias maneras. Por ejemplo, si se ha dirigido a ellos en oración antes de dormir, podrían acercarse a usted en sus sueños.

Considere la posibilidad de realizar un ritual introductorio si tiene dificultades para conectar con su divinidad tutelar. Aquí presentamos cómo llevarlo a cabo:

1. Dedíqueles un pequeño altar, y adórnelo con sus correspondencias y símbolos.
2. Encienda una vela en su nombre, llámelos y preséntese.
3. Indique su nombre y su intención de crear una relación con ellos.
4. Exprese su gratitud por cualquier bendición que pueda recibir en el futuro.
5. Repita si es necesario en unos días.

Cuando empiece a trabajar con su deidad tutelar, no dude en establecer límites para su relación. Como con cualquier relación, trabajar con una deidad pagana es una calle de doble sentido. Debe contar con su bendición tanto como ellos deben contar con usted honrándolos y celebrándolos. Deberían escucharlo a usted tanto como usted los escucha a ellos. Si la deidad con la que hizo contacto resulta ser una mala elección, siéntase libre de terminar su relación. Recuerde, no tiene que conformarse con la primera deidad que lo atraiga, ni debe seguir trabajando con la misma deidad toda su vida. Hay muchas opciones, y es posible que necesite diferentes ayudas en las distintas etapas de su vida.

Creación del altar

Si bien tener un altar no es obligatorio en la práctica pagana, puede ayudarlo a canalizar su energía hacia su intención. Lo ayudará a vincularse con una deidad, un espíritu y con su espiritualidad. Cómo establecer un altar pagano simple:

Elija la ubicación

Muchos paganos practican al aire libre, pero si prefiere hacerlo en interiores, puede colocar su altar dentro de casa. De cualquier manera, debe poder trabajar sin distracciones y nadie debe molestarlo. La mayoría de los practicantes que usan altares interiores optan por colocarlos en sus dormitorios, ya que esta es la habitación más aislada de una casa.

Puede usar una mesa vieja o un tocador como base de su altar. No importa su aspecto porque lo cubrirá. Si tiene espacio limitado, siempre puede armarlo en su tocador, librería o alféizar de la ventana. Si está montando un altar al aire libre, una superficie naturalmente plana, como un gran tronco de árbol, es una gran opción.

Considere la dirección

La dirección en la que coloque su altar depende de su práctica, preferencias y espacio disponible. Supongamos que está trabajando con espacio limitado o no está seguro de qué dirección se ajustaría a su propósito, cree un altar orientado al este. Esta es la dirección del sol naciente, poderosa en muchas prácticas paganas.

Decida el estilo

El estilo de su altar depende del camino pagano que siga. Si desea dedicarlo a una entidad o día festivo específico, el estilo estará influenciado por sus asociaciones. Si no ha decidido un camino espiritual o propósito particular para su altar, siga sus instintos. Deje que su intuición decida.

Elija los adornos

Si trabaja con una deidad en particular (o planea trabajar con una) use sus elementos y asociaciones. Si tiene una deidad tutelar, coloque sus símbolos en el centro del altar. Si está trabajando con sus antepasados, use su representación o sus artículos personales. Si desea empoderarse, incluya sus artículos personales.

Otros artículos sugeridos para colocar en el altar:

- Herramientas de adivinación
- Símbolos de protección
- Cristales
- Varitas y athames
- Grimorio o libro de sombras
- Velas
- La representación de los cuatro elementos
- Hierbas sueltas
- Talismanes o amuletos

Celebración de esbats y sabbats

Los paganos de todo el mundo celebran esbats (rituales lunares) y sabbats (festividades estacionales). Algunas tradiciones se basan en la comunidad, mientras que otras son muy personales. Como principiante, debe centrarse en establecer tradiciones personales para estas fiestas. Esto lo ayudará a comprender su significado y lo inspirará a dedicarle más tiempo. Aquí hay prácticas sugeridas para celebrar las fiestas paganas.

Decoración

Casi todos los rituales y ceremonias paganos realizados en esbats y sabbats usan velas. Decorar con velas personalizadas es una excelente manera de celebrar cualquier fiesta pagana. Use colores, hierbas y otros materiales asociados al día festivo. Puede dar rienda suelta a su creatividad y crear tantas velas como desee. Puede usar las velas en su altar, como adornos para su hogar o como regalos.

Puede hacer decoraciones con flores y otros elementos de la naturaleza. Cualquiera que sea el material que utilice, debe asociarse con el día festivo específico. Por ejemplo, algunas hierbas tienen habilidades protectoras, y hacer una corona con esa hierba para colocar en la puerta de su casa puede ser una excelente práctica complementaria para los hechizos y rituales de protección.

Herramientas de preparación

Algunos paganos prefieren preparar sus propios aceites, mezclas de hierbas, símbolos, representaciones y herramientas. Si bien puede comprar sus herramientas prefabricadas, hacerlas puede ser satisfactorio y espiritualmente edificante, especialmente si se está preparando para un día sagrado o festivo. Tendrá una conexión más poderosa con sus herramientas, ya que se cargarán automáticamente con su energía.

Limpieza

Sea cual sea el esbat o sabbat para el que se esté preparando, no está de más limpiar las influencias negativas en usted mismo y en su propiedad. Cada día festivo marca un evento trascendental en un calendario pagano y representa el comienzo de un nuevo período. Siempre es mejor comenzar un nuevo período con energía renovada. Aquí tiene algunas sugerencias sobre cómo limpiarse y limpiar su ambiente:

- Sahumar
- Quemar incienso
- Hacer baño de limpieza
- Espolvorear sal
- Disfrutar de la luz de la luna
- Usar un hechizo de limpieza
- Pedirle a una deidad que lo ayude a limpiar

- Usar un talismán de limpieza o una bolsa de hierbas
- Beber té de hierbas
- Pasar en la naturaleza
- Ponerse de pie a la luz del sol
- Rodearse de plantas de interior

Preparación de las comidas

Ya sea que desee celebrar un esbat o sabbat con una gran comunidad, sus amigos, su familia o solo, preparar comidas asociadas con esa festividad es una forma fantástica de entrar en el espíritu de cada fiesta. Eche un vistazo a lo que otros practicantes modernos recomiendan para cada fiesta en particular, y elija sus recetas favoritas. Incluso si vive con personas no paganas, puede pedirles que lo ayuden a preparar las comidas. Puede ser una actividad fantástica para las familias con niños, ya que generalmente les gusta aprender y hacer algo nuevo.

Crear un libro de registro, diario o grimorio

Escribir sobre su práctica es una excelente manera de monitorear el progreso de su viaje espiritual. Si recién está comenzando, cree un libro de registro de rituales y actos que haya realizado a lo largo del día, la semana o el mes. Esto le ayudará a realizar un seguimiento de las tareas y puede asegurarse de no olvidar implementarlas con regularidad. Cuantas más prácticas paganas incorpore en su agenda, antes descubrirá su camino espiritual.

Comience un diario en caso de practicar la adivinación, intentar comunicarse con sus guías espirituales o desear una caracterización más detallada de sus prácticas. A diferencia de un libro de registro (que solo tiene datos sobre tareas específicas), un diario puede contener las señales y mensajes que ha recibido, sus emociones con respecto a herramientas específicas o cualquier otra cosa que desee documentar a lo largo de su viaje.

Si también practica la brujería, puede comenzar un grimorio. Un grimorio es un libro que hace un seguimiento de las prácticas mágicas. Puede contener correspondencia de deidades y antepasados, sabbats, esbats y otros días sagrados que celebre. También puede registrar sus formas preferidas de lanzar hechizos, hechizos y rituales específicos que haya hecho, métodos de adivinación, correspondencias astrológicas, hierbas y recetas para agentes curativos y cristales. Puede incluir temas que lo inspiren o que quiera aprender.

Ya sea que cree un libro de registro, un diario o un grimorio, recuerde mantenerlo a salvo. Tiene una conexión personal con él, y cualquier energía que el libro recoja puede afectarle. Límpielo a menudo y conságrelo si es necesario.

Conectar con otros paganos

Conectarse con otros grupos y comunidades paganas es una excelente manera de obtener más conocimiento y comprensión de un camino espiritual en particular. En estos tiempos modernos, hay muchas maneras de encontrar personas con ideas afines cerca suyo o incluso al otro lado del mundo. Si no le importa la distancia o solo busca consejos, busque grupos paganos en sitios y foros de redes sociales. Sea cual sea el camino a seguir, encontrará un grupo que se adapte a sus necesidades.

Si prefiere encontrar personas que pueda conocer, intercambiar experiencias y celebrar sabbats, esbats y otras fiestas paganas, o adorar deidades juntos, busque a su alrededor. Comience con las librerías ocultas, ya que generalmente han publicado avisos de otros paganos que buscan comunidades.

Sea cual sea la forma en que se ponga en contacto con otros paganos, siéntase libre de compartir su viaje espiritual con ellos, sin importar cuán corto sea. Tal vez su experiencia ayude a alguien que tiene dificultades para encontrar su camino o se ha desviado de un camino ya establecido y busca otro mejor.

Recomendaciones

Parte de embarcarse en un camino pagano es satisfacer sus necesidades espirituales. Afortunadamente, existen muchas maneras de incorporar simples rituales diarios sin afectar su agenda. Seguir una lista de tareas pendientes lo ayudará, y no tiene que revisar todos los elementos de la lista todos los días. Siéntase libre de elegir lo que se adapte a su rutina. El objetivo general es crear un hábito de rituales diarios para poder acercarse al estilo de vida pagano.

Aquí hay una lista de rituales paganos que puede realizar:
- Encender una vela. Puede hacer una oración rápida de gratitud a su deidad tutelar, antepasados u otros guías espirituales con los que haya estado trabajando.
- Ofrendar a una deidad. Puede hacer una ofrenda simple. Por ejemplo, puede ofrecerles una taza de café o agua o compartir

una comida con ellos.
- Ofrendar a sus antepasados. Recuerde ofrecer sus artículos favoritos.
- Levántese para saludar al sol. El sol es fundamental en la mayoría de las tradiciones paganas. Pasar un par de minutos tomando sol después de despertar puede ayudarlo a aprovechar su energía.
- Hacer yoga. Incluso una o dos posiciones diarias harán maravillas en su vida espiritual.
- Salga a caminar (preferiblemente en la naturaleza) para reconectarse con su poder. 10 minutos durante la hora del almuerzo harán la diferencia. Sin embargo, las caminatas al aire libre deben ser regulares.
- Intentar escribir un diario de sueños. Ponga un diario al lado de su cama para registrar sus sueños apenas despierte. Esto puede ayudarlo a conectarse y comunicarse con espíritus, deidades y con su intuición.
- Meditar. Se recomienda meditar todos los días. Ya sea una meditación guiada o improvisada, será de gran ayuda.
- Prestar atención a la naturaleza. Esté más atento a su entorno para notar las pequeñas señales y presagios que le envía la naturaleza.
- Encender un poco de incienso. Al igual que la luz de las velas, el aroma del incienso le dará calma y enfoque. Crea la atmósfera perfecta para la mediación, los rituales y el trabajo mágico.
- Leer un libro espiritual. Incluso si solo tiene 15 minutos para dedicar a la lectura, aproveche para aprender más sobre el camino espiritual que ha elegido seguir.
- Pasar tiempo con mascotas. Si tiene mascotas, pasar tiempo con ellas sería la forma pagana perfecta de honrar a la naturaleza.
- Encender una vela roja en la cocina. Este ritual honra a sus antepasados y simboliza el hogar (chimenea), que la mayoría de los hogares modernos no tienen. Sin embargo, era indispensable en las tradiciones paganas.
- Limpiarse y limpiar su área con humo. Algunos paganos lo llaman "ritual de sahumo". Implica encender un paquete de

hierbas secas y limpiar su cuerpo y el espacio de malas energías.
- Pasar más tiempo con la familia. Este es otro ritual pagano recomendado. Incluso si tiene 10 o 15 minutos para mostrar una atención, hágalo.
- Escribir un libro de sombras o grimorio. Este libro puede ayudarlo a monitorear el progreso en su viaje espiritual y aprender a seguir el camino pagano que más le guste.
- Usar un cristal. Puede usar joyas con cristal por la mañana o poner la piedra en su bolsillo o bolso. Si lo has cargado de energía positiva, este lo protegerá y potenciará su poder a lo largo del día.
- Crear y cuidar un jardín. Ya sea poner unas macetas en el alféizar de su ventana o un crear un jardín en su patio trasero, cuidar de su espacio natural es un ritual pagano muy satisfactorio.
- Hacer ejercicio. Hacer ejercicio puede ser un ritual pagano muy útil con nuestro estilo de vida sedentario actual. Puede ayudarlo a recordar el trabajo físico de todos sus antepasados para mantener a sus familias. Sin sus esfuerzos, no estaría donde está.
- Beber infusiones de hierbas. Preparar té de hierbas por la mañana y beberlo es una excelente manera de bajar la velocidad del día a día y prepararse para sus próximos desafíos espirituales.
- Leer una carta o runa. Si practica la adivinación (o quiere mejorar su espiritualidad), elija una carta o runa todas las mañanas y contemple su significado.
- Usar hierbas para cocinar. Las hierbas tienen increíbles propiedades curativas, y sus antepasados lo sabían. Las usaban en su vida diaria, y usted también puede hacerlo.
- Limpiar su altar o santuario. Revise su lugar sagrado diariamente en busca de cenizas, polvo y escombros, y límpielo si es necesario. Reemplace sus ofrendas (especialmente si tienen alimentos) o cámbielas por otras diferentes.
- Contemplar la luna. Así como la luz del sol puede ayudarlo a recargar sus energías, también puede hacerlo con la luz de la luna. Puede salir cuando el cielo esté despejado o sentarse en

una ventana abierta.

- Planificar el próximo sabbat o esbat. Si se acerca una fiesta pagana, dar pequeños pasos para su celebración podría ser un gran ritual diario. Investigue lo que necesita hacer durante esos días festivos y planifique.
- Llamar a un amigo pagano. Si necesita consejos para su viaje espiritual o necesita un poco de confianza extra, hablar con una persona de ideas afines puede ayudarlo enormemente.
- Enfoque y grounding No hace falta hacer meditación u otras técnicas de atención plena para conectar a tierra. Para aprovechar el poder de la naturaleza, solo necesita acciones simples como calmar la mente, caminar descalzo o tocar un árbol.
- Obtener más información sobre su deidad tutelar. Tomarse unos minutos diarios para aprender sobre el dios o la diosa con la que desea conectar lo ayudará a honrarlos y enriquecer la relación.

Apéndice: Rueda del Año de A a Z

Los humanos han celebrado durante mucho tiempo los ciclos de la naturaleza. Desde la antigüedad, las culturas paganas y politeístas de toda Europa marcaron los solsticios, equinoccios y otros momentos significativos con festivales, fiestas y rituales. Estas celebraciones honran a los dioses y diosas de la naturaleza, reconocen los cambios de las estaciones y ofrecen un espacio para la reflexión, la renovación y la comunidad. Si bien algunas tradiciones se han perdido con el tiempo, muchas siguen siendo practicadas y adaptadas por paganos y politeístas modernos. Este capítulo explora una selección de festivales en toda Europa, desde los más conocidos hasta los más oscuros. Descubra la variedad de costumbres y creencias de la Rueda del Año.

Alban Arthan: 20 o 21 de diciembre

Alban Arthan, conocido como el solsticio de invierno, es un festival que celebra el renacimiento del sol y el regreso de la luz después del día más oscuro del año. Es un momento en que el mundo natural permanece inactivo y la gente se reúne para encender la llama de la esperanza y la renovación. Muchas tradiciones paganas y politeístas honran al dios o diosa del sol, como el Mabon galés, el Lugh irlandés y el Sol Invictus romano. Alban Arthan es un momento para la introspección, para dejar ir lo viejo y dar la bienvenida a lo nuevo. Es un momento para celebrar las alegrías de la familia y la comunidad, compartir historias, fiestas y regalos, y honrar a los espíritus de la tierra y a los antepasados que nos precedieron. Algunas costumbres populares incluyen encender velas, decorar árboles y hacer hogueras. Para muchos, el Alban Arthan es un festival profundo y significativo que les recuerda la belleza y la resistencia del espíritu humano frente a la oscuridad.

Alban Eilir: 20 o 21 de marzo

El festival de Alban Eilir se celebra el 20 o 21 de marzo, marcando la llegada del equinoccio de primavera. Este antiguo festival pagano celebra el renacimiento del mundo natural desde las profundidades del invierno. Es un momento de equilibrio, el día y la noche son iguales, y existe una promesa de días más largos. El Alban Eilir es celebrado por muchas tradiciones politeístas, y muchas culturas tienen su propia interpretación del festival. El Alban Eilir representa el triunfo de la fertilidad y el crecimiento, representados por la diosa celta Brígida, la diosa germánica Ostara o la diosa griega Perséfone. El festival es un momento para establecer intenciones, plantar nuevas semillas y abrazar la renovación del mundo natural. Es un momento para reconectarse con la naturaleza, respirar aire fresco y deleitarse con la belleza del mundo que nos rodea. Durante este festival, las personas decoran huevos, limpian sus hogares y participan en otros actos simbólicos para conmemorar la ocasión.

Brigit: 1 o 2 de febrero

Brigit es una diosa celta que representa la inspiración, la creatividad y la curación. Su fiesta se celebra el 1 o 2 de febrero, y marca el comienzo de la primavera en el calendario celta. Brigit se asocia a la llama sagrada, y su festival a menudo se caracteriza por encender velas y hogueras. El festival se conoce como Imbolc, que significa "en el vientre" en irlandés antiguo. Representa la época del año en que los primeros indicios de nueva vida se pueden sentir debajo de la superficie de la tierra. En Irlanda, Brigit es venerada como una santa patrona, y su festival se celebra como el Día de Santa Brígida, y pueden verse las famosas Cruz de Santa Brígida y ofrendas de leche y pan. En toda Europa, el festival de Brigit es un momento para la purificación y la renovación y para honrar lo divino femenino y el poder de la naturaleza.

Cerealia: 12 - 19 de abril

La Cerealia era una antigua fiesta romana celebrada en honor a la diosa Ceres, la diosa de la agricultura y el grano. La fiesta se celebraba anualmente del 12 al 19 de abril y era una de las celebraciones más importantes del calendario romano. Durante la Cerealia, los romanos honraban a Ceres ofreciendo leche y miel, y realizaban procesiones y diversos rituales. En la antigüedad, la Cerealia era un momento para que los agricultores celebraran la llegada de la primavera y el comienzo de la temporada agrícola. Era un momento para dar gracias a Ceres por la generosidad de la tierra y pedir sus continuas bendiciones durante toda la temporada de siembra. El festival permitía a las personas reunirse y socializar, disfrutar del clima cálido y disfrutar de la comida, la bebida y el entretenimiento. Hoy en día, la Cerealia ya no se celebra como antes. Sin embargo, el legado de Ceres perdura en el mundo moderno a través de muchas tradiciones y costumbres asociadas a la agricultura y la primavera. El espíritu de Ceres se puede sentir en la forma en que las personas honran la tierra y su generosidad, plantando semillas en el jardín o disfrutando de una deliciosa comida hecha con productos frescos locales.

Fiesta de Afrodita: 23 de julio

La Fiesta de Afrodita cae el 23 de julio y celebra a la diosa griega del amor, la belleza y la fertilidad. Este festival está asociado al apogeo del verano y la plena floración de la naturaleza, y es un momento ideal para honrar a Afrodita y buscar sus bendiciones de amor, fertilidad e inspiración creativa. En la antigua Grecia, la fiesta de Afrodita se celebraba con ofrendas de flores, miel, incienso, música, baile y banquete. Era un momento para que los amantes expresaran su devoción mutua y para que las mujeres solteras buscaran la guía de Afrodita para encontrar una pareja adecuada. Hoy en día, los practicantes modernos del paganismo helénico y otras tradiciones que honran a los dioses y diosas griegos continúan celebrando esta fiesta. Este festival es un momento para rituales de amor y fertilidad y esfuerzos artísticos y creativos. Las celebraciones incluyen ofrendas de flores y miel, baile y lectura de poesía o hechizos de amor.

Fiesta de Hécate: 16 de noviembre

El 16 de noviembre, las comunidades paganas de todo el mundo celebran la Fiesta de Hécate, un festival dedicado a la diosa griega de la magia, la brujería y la encrucijada. Tradicionalmente, este festival se celebraba con ofrendas de comida, incienso y otros regalos depositados en encrucijadas y otros espacios liminales, donde se creía que Hécate estaba presente. Era un momento para realizar magia y adivinación y buscar la guía de Hécate en asuntos de vida o muerte. Los practicantes modernos del paganismo helénico y otras tradiciones que honran a Hécate continúan celebrando esta fiesta. Las celebraciones incluyen encender velas, hacer hechizos y ofrecer comida, incienso y otros regalos. Este festival es un momento para reconectarse con lo divino y buscar bendiciones mágicas para el próximo año. La Fiesta de Hécate tiene un significado especial para aquellos que honran a la diosa de la magia y la brujería. Los espacios liminales asociados a Hécate representan el cruce entre los mundos físico y espiritual, y el festival ofrece la oportunidad de explorar este concepto más a fondo a través del ritual y la magia.

Fiesta de la Cosecha: 21 o 22 de septiembre

Este festival marca el final del verano y el comienzo del otoño. Celebrado el 21 o 22 de septiembre, es un momento de gratitud por la abundante cosecha durante los largos meses de invierno. En la antigüedad, el festival era un momento de fiesta y jolgorio, ya que las comunidades se reunían para compartir los frutos de su trabajo. Era un momento para cantar, bailar y contar historias alrededor del fuego mientras las hojas comenzaban a caer. Hoy en día, la Fiesta de la Cosecha se celebra en muchas partes de Europa, con costumbres tradicionales, como coronar a una Reina de la Cosecha, decorar el pueblo con ramas de trigo y maíz y bendecir los cultivos. Es un momento para dar gracias por la abundancia de la tierra y para honrar el arduo trabajo de los agricultores y cultivadores que proporcionan alimentos durante todo el año.

Krampusnacht: 5 de diciembre

El Krampusnacht, que se celebra el 5 de diciembre, es un festival con un toque más oscuro. Si bien muchos asocian la temporada de vacaciones de invierno con calidez, amor y luz, el Krampusnacht es un momento en el que el miedo y las travesuras ocupan un lugar central. Se origina en las regiones alpinas de Europa y lleva el nombre de Krampus, una criatura demoníaca con cuernos que se dice que castiga a los niños traviesos, mientras que su contraparte benevolente, San Nicolás, recompensa a los buenos. En muchas ciudades y pueblos, los juerguistas se disfrazan de Krampus y desfilan por las calles, aterrorizando a jóvenes y mayores con sus horripilantes disfraces y bromas lúdicas. A pesar de su tono macabro, el Krampusnacht es una tradición muy querida en muchas partes de Europa. Es una forma de equilibrar la luz y la oscuridad y el bien y el mal. Es un recordatorio de que siempre hay un equilibrio en la vida.

Lupercalia: 13-15 de febrero

El Lupercalia es una celebración festiva que tiene sus raíces en la antigua Roma, es un momento para honrar al dios de la fertilidad y proteger la ciudad de los espíritus malignos. El festival, celebrado del 13 al 15 de febrero, estaba dedicado al dios Luperco y era esencial para la identidad cultural de la ciudad. Los sacerdotes usaban pieles de animales, y las mujeres eran azotadas con tiras de cuero para asegurar su fertilidad y protegerlas del mal. La asociación del festival con la fundación de Roma aporta un significado histórico. El sacrificio de cabras y perros lo convirtió en un evento sombrío. Si bien las fiestas lupercales ya no se celebran en su forma original, sigue siendo un momento significativo para los paganos y wiccanos modernos. Han adaptado el festival para celebrar la llegada de la primavera y para honrar al dios de la fertilidad. Hoy en día, las fiestas lupercales son un momento de fiesta, durante el cual los participantes comparten comida y bebida y participan en rituales para dar la bienvenida al cambio de temporada. El espíritu del Lupercalia reside en ese momento en que las personas se conectan con la naturaleza y entre sí. Es un momento para celebrar la vida y reconocer la importancia de la fertilidad y el crecimiento.

Solsticio de verano: 21 de junio

El solsticio de verano (o Litha) es un momento en que el sol está en su punto más alto en el cielo y es el día más largo del año. Se celebra de varias maneras en toda Europa, y las hogueras son un elemento común en todas ellas. Por ejemplo, en Suecia, el solsticio de verano es una de las fiestas más grandes, y la gente se reúne alrededor de un árbol de mayo para cantar y bailar canciones folclóricas tradicionales. En otras partes de Europa, se recogen hierbas y flores para diversos rituales mágicos. Es un momento para celebrar la abundancia de la tierra y dar gracias por la cosecha que está por venir. La celebración del solsticio de verano es un recordatorio del poder y la belleza del mundo natural y de la importancia de vivir en armonía con él.

Panateneas: 28 de julio

La Panateneas, celebrada el 28 de julio, es una fiesta dedicada a la diosa griega Atenea, la diosa patrona de Atenas. Era una de las fiestas religiosas más importantes de la antigua Atenas y se celebraba cada cuatro años. El festival comenzaba con una procesión por la ciudad y culminaba un gran sacrificio de 100 bueyes para la diosa. El festival incluía competiciones atléticas y musicales y actuaciones dramáticas en el Teatro de Dionisio. Las Panateneas eran un momento para que los atenienses se reunieran y celebraran su cultura y patrimonio, y sigue siendo un evento cultural importante en la Grecia moderna. En los tiempos modernos, las Panateneas todavía se celebran en Atenas y otras partes de Grecia. El festival conserva muchos elementos tradicionales, como la procesión y las competiciones atléticas y musicales. Sin embargo, las celebraciones modernas incluyen eventos más contemporáneos, como fuegos artificiales, conciertos y exposiciones culturales. El festival es un momento importante para que los griegos celebren su patrimonio cultural y se unan en un espíritu de unidad y orgullo nacional.

Perchtenlauf: 5 o 6 de enero

El Perchtenlauf, conocido como la "Noche de las Brujas", es un festival de invierno que se celebra en Austria y otras partes de Europa el 5 o 6 de enero. Se cree que el festival tiene sus raíces en las tradiciones paganas y está dedicado a la diosa Perchta, que vagaba por la Tierra durante los meses de invierno. Durante el festival, los hombres se visten con trajes y máscaras elaborados, que representan a los Perchten, o "espíritus salvajes". Deambulan por las calles, haciendo ruido con campanas y palos de madera para ahuyentar a los malos espíritus y dar la bienvenida al nuevo año. El festival incluye hogueras, banquetes y espectáculos de danza tradicional. El Perchtenlauf es un momento para que las comunidades se unan, celebren sus tradiciones y destierren la oscuridad del invierno con la luz de la esperanza y la renovación. Hoy en día, el festival sigue siendo una parte preciada de la cultura austriaca y europea, y muchas comunidades conservan sus antiguas costumbres y añaden sus toques únicos a la celebración.

Veneralia: 1 de abril

El 1 de abril, los antiguos romanos celebraban Veneralia, una fiesta dedicada a Venus, la diosa del amor y la belleza. Veneralia era un momento para que la gente honrara a la diosa a cambio de bendiciones y protección en el amor y la fertilidad. El festival se caracterizó por ofrecer flores e incienso en los templos y santuarios de Venus y el lavado ritual de sus estatuas. En algunas partes de Roma, las jóvenes se reunían en el templo de Venus para pedirle el favor de encontrar un marido, mientras que las mujeres casadas oraban por la salud y la prosperidad de sus matrimonios. Veneralia era un momento de gran alegría y celebración, marcado por fiestas, bebidas y música. Hoy en día, gran parte del festival se ha olvidado, pero su influencia todavía se puede ver en la celebración moderna del Día de los Inocentes (April Fool's Day), que cae en la misma fecha.

Noche de Walpurgis: 30 de abril

En la víspera del May Day, las brujas y los juerguistas se reúnen para celebrar la Noche de Walpurgis, un festival con profundas raíces en la tradición pagana. Recibe su nombre en honor a Santa Walpurga, una abadesa del siglo VIII famosa por sus poderes curativos. El festival marca la llegada de la primavera y el despertar de la fertilidad de la naturaleza. En muchas partes de Europa, la gente enciende hogueras, baila alrededor de los árboles de mayo y participa en otros rituales tradicionales para dar la bienvenida a la temporada de crecimiento y renovación. Pero la Noche de Walpurgis también tiene un lado más oscuro, ya que se dice que es un momento en que el velo entre los vivos y los muertos se debilita. Según la leyenda, las brujas y otros seres sobrenaturales llegan y causan estragos en los aldeanos desprevenidos. A pesar de esto, el festival sigue siendo un momento de alegría y jolgorio, la gente se reúne con amigos y familiares para celebrar la llegada de la primavera y honrar las tradiciones de sus antepasados.

El mundo está lleno de fascinantes fiestas paganas. Estos festivales ofrecen una visión de las ricas y complejas creencias de las culturas antiguas, como las alegres celebraciones de cosecha. los ritos para honrar a los muertos. Si bien muchas de estas tradiciones se han desvanecido con el tiempo, algunas continúan celebrándose en los tiempos modernos, conectándose con el pasado colectivo y celebrando el patrimonio cultural. Estos festivales son un recordatorio del poder de la comunidad, la importancia de la tradición y la necesidad humana de conectar con algo superior.

Conclusión

Como hemos visto en este libro, el paganismo es un término general para varias religiones estrechamente relacionadas. Los practicantes del paganismo europeo comparten las mismas creencias fundamentales, desde la reverencia a la naturaleza hasta la aceptación universal del politeísmo. Ven la vida como un ciclo, similar a la naturaleza, que cambia con las estaciones. Nace, muere y revive a medida que un alma humana puede reencarnarse o vivir en el mundo espiritual. Este último se refiere a los espíritus ancestrales, de gran importancia en el paganismo. Se puede invocar a los antepasados y guías espirituales para recibir guía, cura y protección. Los dioses y diosas paganos se asocian típicamente a un aspecto de la vida, aunque muchos paganos tienen deidades que encarnan diferentes aspectos y más de un rostro o nombre. Varias partes de las prácticas paganas están vinculadas a los cuerpos celestes, como el sol y la luna.

Este libro ha explorado los puntos clave del sistema de creencias paganas y cómo estos se incorporaron a las diversas formas del paganismo europeo, incluido el paganismo celta y el druidismo, el paganismo nórdico y asatru, el paganismo germánico, el paganismo eslavo, el politeísmo griego y la Wicca. Dado que algunas de estas religiones son más antiguas que otras, a menudo hay grandes variaciones de tradiciones, o costumbres relacionadas con las mismas prácticas o entidades. Los dioses y diosas tienen diferentes nombres y asociaciones e incluso podrían ser honrados a través de diferentes rituales y ceremonias. Sin embargo, solo las religiones más antiguas han sobrevivido a través de las tradiciones orales, y su evolución diversificada solo es comparable al desarrollo de las más nuevas.

Esperamos que los capítulos de este libro le hayan dado suficiente información para despertar su interés y decidir qué camino pagano seguir. De ser así, el último capítulo debería ayudarlo a incorporar ese camino elegido para su vida. Si aún no ha elegido, incorporar elementos del paganismo en su agenda lo ayudará a ponerse en contacto con su espiritualidad. Recuerde, el paganismo es una práctica altamente espiritual y personal. Si bien es beneficioso para los paganos compartir sus ideas y confiar en personas de ideas afines, no olvide que su poder está dentro suyo. Incluso los pequeños rituales paganos como caminar en la naturaleza, meditar durante 10 minutos o recitar una oración a una deidad a la que se sienta atraído pueden ayudarlo a encontrar su camino y propósito. Si desea profundizar en una práctica específica y celebrar las fiestas paganas, consulte la Rueda del Año en este libro. Esta le ayudará a las aquellas prácticas que se ajusten a su camino, necesidades y preferencias.

Vea más libros escritos por Mari Silva

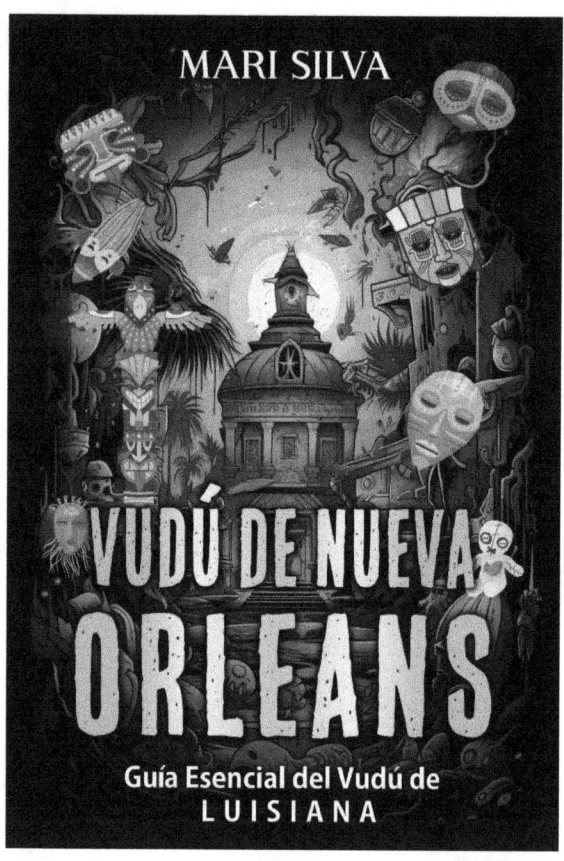

Su regalo gratuito

¡Gracias por descargar este libro! Si desea aprender más acerca de varios temas de espiritualidad, entonces únase a la comunidad de Mari Silva y obtenga el MP3 de meditación guiada para despertar su tercer ojo. Este MP3 de meditación guiada está diseñado para abrir y fortalecer el tercer ojo para que pueda experimentar un estado superior de conciencia.

https://livetolearn.lpages.co/mari-silva-third-eye-meditation-mp3-spanish/

¡O escanee el código QR!

Referencias

'Celtic' reconstructionism? (s. f.). Tairis.co.uk.

5 obscure pagan festivals around the world. (s. f.). Lonely Planet. https://www.lonelyplanet.com/articles/obscure-pagan-festivals-around-the-world

6 pagan festivals we still celebrate today. (s. f.). Sky HISTORY TV Channel. https://www.history.co.uk/articles/6-pagan-festivals-we-still-celebrate-today

Aburrow, Y. (20 de mayo de 2015). Paganism for Beginners – Overview. Dowsing for Divinity. https://www.patheos.com/blogs/sermonsfromthemound/2015/05/paganism-for-beginners1/

Adhikari, S. (22 de noviembre de 2017). Top 10 important events of Ancient Greece. Ancient History Lists. https://www.ancienthistorylists.com/greek-history/top-10-important-events-of-ancient-greece/

Aldhouse-Green, M. (13 de marzo de 2015). The Celtic myths: A guide to the ancient gods and legends. Irish Times. https://www.irishtimes.com/culture/books/the-celtic-myths-a-guide-to-the-ancient-gods-and-legends-1.2136919

Annwfn –. (s. f.). British Fairies. https://britishfairies.wordpress.com/tag/annwfn/

Ásatrú. (30 de abril de 2011). Religion Stylebook. https://religionstylebook.com/entries/asatru

BBC - wales - education - Iron Age Celts - factfile. (s. f.). BBC. https://www.bbc.co.uk/wales/celts/factfile/religion.shtml

Bealtaine rituals to celebrate the May festival. (1 de mayo de 2021). Hilda Carroll Holistic Interiors. https://www.hildacarroll.com/bealtaine-beltane/

Being Pagan; Being of the Land: Ecospirituality and Earth-Based Activities among Contemporary Pagans: Weave of reverence: Ritualizing Ecological Practice at Pagan Nature Sanctuaries. (s. f.). Harvard.edu. https://hds.harvard.edu/publications/being-pagan-being-land-ecospirituality-and-earth-based-activities-among-0

Beltane. (12 de agosto de 2015). By Land, Sea and Sky. https://thenewpagan.wordpress.com/beltane/

Berry, L. A. (15 de marzo de 2023). Who were the Druids? A history of Druidism in Britain. British Heritage. https://britishheritage.com/history/history-druids-britain

Broome, R. (30 de octubre de 2015). The story of Ceridwen. Ceridwencentre.co.uk; Ceridwen Centre. https://ceridwencentre.co.uk/the-story-of-ceridwen/

Cartwright, M. (2021a). Ancient Celtic religion. World History Encyclopedia. https://www.worldhistory.org/Ancient_Celtic_Religion/

Cartwright, M. (2021b). Lugh. World History Encyclopedia. https://www.worldhistory.org/Lugh/

Celtic gods. (s. f.). Mythopedia. https://mythopedia.com/topics/celtic-gods

Celtic religion - The Celtic gods. (s. f.). In Encyclopedia Britannica.

Celtic religion. (3 de julio de 2022). Roman Britain. https://www.roman-britain.co.uk/the-celts-and-celtic-life/celtic-religion/

Clan of the entangled thicket 1734. (s. f.). Blogspot.com. http://clanoftheentangledthicket.blogspot.com/2015/12/the-prediu-annwn-exploration.html

Cody. (17 de diciembre de 2011). What is paganism? Pagan Federation International. https://www.paganfederation.org/what-is-paganism/

Colagrossi, M. (27 de noviembre de 2018). 10 of the greatest ancient and pagan holidays. Big Think. https://bigthink.com/the-past/pagan-holidays/

Colcombe, R. (24 de julio de 2013). The evolution of the Cauldron into a grail in Celtic Mythology. I. M. H. O. https://medium.com/i-m-h-o/the-evolution-of-the-cauldron-into-a-grail-in-celtic-mythology-a96a41604e9f

Cove, C. (21 de febrero de 2018). The whole interesting history of the Tuatha de Danann: Ireland's most ancient race. ConnollyCove. https://www.connollycove.com/tuatha-de-danann/

Dagda. (s. f.). Mythopedia. https://mythopedia.com/topics/dagda

Duffy, K. (2000). Who were the Celts? Barnes & Noble.

Eilenstein, H. (2018). Cernunnos: Vom Schamanen zum Druiden Merlin. Books on Demand.

Festivals and celebrations - RE:ONLINE. (18 de abril de 2019). RE:ONLINE. https://www.reonline.org.uk/knowledge/paganism/festivals-and-celebrations/

Festivals and celebrations - RE:ONLINE. (18 de abril de 2019). RE:ONLINE. https://www.reonline.org.uk/knowledge/paganism/festivals-and-celebrations/

Fields, K. (14 de octubre de 2018). Daily Pagan Rituals: List of 30+ SIMPLE Everyday Traditions. Otherworldly Oracle. https://otherworldlyoracle.com/simple-daily-pagan-rituals/

Germanic paganism. (s. f.). Religion Wiki. https://religion.fandom.com/wiki/Germanic_paganism

Germanic religion and mythology - Mythology. (s. f.). In Encyclopedia Britannica

Hart, A. (s. f.). How To Find Your Patron Deity & If You Should Even Bother. The Traveling Witch. https://thetravelingwitch.com/blog/how-to-find-your-patron-deity-if-you-should-even-bother

Hellenism. (s. f.). Paganfed.org. https://www.paganfed.org/hellenism/

Hemingway, C. (1 C.E., 1 de enero). Greek gods and religious practices. The Met's Heilbrunn Timeline of Art History. https://www.metmuseum.org/toah/hd/grlg/hd_grlg.htm

How can I find and connect with others pagans, wiccans, and witches in my area? (s. f.). Quora. https://www.quora.com/How-can-I-find-and-connect-with-others-pagans-wiccans-and-witches-in-my-area

Jarus, O. (23 de septiembre de 2022). The mysterious history of druids, ancient "mediators between humans and the gods." Livescience.com; Live Science. https://www.livescience.com/who-were-the-druids

JustCode. (s. f.). Creidhne - God of Metalworkers. - Irish God. Thewhitegoddess.co.uk. http://www.thewhitegoddess.co.uk/divinity_of_the_day/irish/creidhne.asp

King Arthur the voyager - by Katherine Langrish. (s. f.). Blogspot.com. http://the-history-girls.blogspot.com/2014/12/king-arthur-voyager-by-katherine.html

Langrish, K. (2016). Seven Miles of steel thistles: Essays on fairy tales. Greystones Press.

Litha / Midsummer. (9 de agosto de 2015). By Land, Sea and Sky. https://thenewpagan.wordpress.com/midsummer-litha/

Lugh. (s. f.). Mythopedia. https://mythopedia.com/topics/lugh

Lughnasadh / Lammas. (9 de agosto de 2015). By Land, Sea and Sky. https://thenewpagan.wordpress.com/lughnasadh-lammas/

Mabon / autumn equinox. (3 de septiembre de 2015). By Land, Sea and Sky. https://thenewpagan.wordpress.com/wheel-of-the-year/mabon-autumn-equinox/

McLean, A. P. J. (s. f.). The Germanic Tribes. Lumenlearning.Com. https://courses.lumenlearning.com/atd-herkimer-westerncivilization/chapter/the-germanic-tribes/

Meet the Slavs. (7 de noviembre de 2020). Slavic Magic: Rituals, Spells, and Herbs. Meet the Slavs. https://meettheslavs.com/slavic-magic/

Meet the Slavs. (13 de julio de 2021). Slavic Paganism: History and Rituals. Meet the Slavs. https://meettheslavs.com/slavic-paganism/

Meet the Slavs. (5 de julio de 2021). Top 6 Slavic Pagan Holidays. Meet the Slavs. https://meettheslavs.com/slavic-pagan-holidays/

My hellenismos 101. (s. f.). Hellenion.org. https://www.hellenion.org/essays-on-hellenic-polytheism/my-hellenismos-101/

Neal, C. F. (2015). Imbolc: Rituals, recipes and lore for Brigid's day. Llewellyn Publications.

No title. (s. f.-a). Study.com. https://study.com/academy/lesson/celtic-paganism-history-deities-facts-ancient-religion.html

No title. (s. f.-b). Study.com. https://study.com/learn/lesson/pantheism-religions-and-beliefs.html

O'Hara, K. (2 de enero de 2023). The Morrigan: The story of the fiercest goddess in Irish myth. The Irish Road Trip. https://www.theirishroadtrip.com/the-morrigan/

Oertel, K. (Ed.). (2015). Ásatrú: Die Rückkehr der Götter (3ra ed.). Edition Roter Drache.

Ostara / spring equinox. (16 de agosto de 2015). By Land, Sea and Sky. https://thenewpagan.wordpress.com/ostara-spring-equinox/

Rajchel, D. (2015). Samhain: Rituals, Recipes & Lore for Halloween. Llewellyn Publications. https://thenewpagan.wordpress.com/wheel-of-the-year/samhain/

Rune, S. (2015). Paganism: The ultimate guide to paganism, inlcuding Wicca, spirituality, spells & practises for a pagan life. Createspace Independent Publishing Platform.

Sacred texts: Wicca and Neo-Paganism. (s. f.). Sacred-texts.com. https://www.sacred-texts.com/pag/

slife. (10 de junio de 2020). Germanic Paganism. The Spiritual Life. https://slife.org/germanic-paganism/

Smith, D. (26 de marzo de 2016). Wiccan holidays: Celebrating the sun on the Sabbats. Dummies. https://www.dummies.com/article/body-mind-spirit/religion-spirituality/wicca/wiccan-holidays-celebrating-the-sun-on-the-sabbats-192774/

Sunshine, G. (4 de febrero de 2020). Wicca and eclectic Neo-Paganism: Beliefs and practices, emerging worldviews 22. Breakpoint. https://breakpoint.org/wicca-and-eclectic-neo-paganism-beliefs-and-practices-emerging-worldviews-22/

The Absolute Basics Paganism. (s. f.). Umass.edu. https://www.umass.edu/rso/spirals/Site/Paganism_101.html

The Current Chief, The Former Chief, & Patroness, O. (2019a, November 27). Druid beliefs. Order of Bards, Ovates & Druids; OBOD. https://druidry.org/druid-way/beliefs

The Current Chief, The Former Chief, & Patroness, O. (2019b, November 27). History of the druids. Order of Bards, Ovates & Druids; OBOD. https://druidry.org/druid-way/what-druidry/a-longer-history

The Hellenistic period-cultural & historical overview. (14 de junio de 2018). Department of Classics. https://www.colorado.edu/classics/2018/06/14/hellenistic-period-cultural-historical-overview

The old Nordic religion today. (s. f.). National Museum of Denmark. https://en.natmus.dk/historical-knowledge/denmark/prehistoric-period-until-1050-ad/the-viking-age/religion-magic-death-and-rituals/the-old-nordic-religion-today/

The Pagan year. (s. f.). BBC. https://www.bbc.co.uk/religion/religions/paganism/holydays/year.shtml

The Witch is In. (s. f.). Tumblr. https://herecomesthewitch.tumblr.com/post/157912148899/laurels-guide-to-grimoires

The. (10 de agosto de 2018) Neo-paganism offers something old and something new. Economist (London, England: 1843). https://www.economist.com/erasmus/2018/08/10/neo-paganism-offers-something-old-and-something-new

Thomas, P. V. (s. f.). Ancient Celtic Religion. Tutorialspoint.com. https://www.tutorialspoint.com/ancient-celtic-religion

V. (2018). Morrigan. Independently Published.

What is Asatru? (4 de diciembre de 2013). Gotquestions.org. https://www.gotquestions.org/Asatru.html

Wheel of the Year. (22 de junio de 2013). The Celtic Journey. https://thecelticjourney.wordpress.com/the-celts/wheel-of-the-year/

Wheel of the Year: The 8 Wiccan holiday festivals - Wicca Academy. (n.d.). https://wiccaacademy.com/wheel-of-the-year/

Who were the Druids? (21 de marzo de 2017). Historic UK. https://www.historic-uk.com/HistoryUK/HistoryofWales/Druids/

Wigington, P. (19 de agosto de 2007). Hellenic Polytheism and the Reconstruction of Greek Paganism. Learn Religions. https://www.learnreligions.com/about-hellenic-polytheism-2562548

Wigington, P. (2007a, 24 de junio). The legend of Lugh, the Celtic craftsman god. Learn Religions. https://www.learnreligions.com/lugh-master-of-skills-2561970

Wigington, P. (2007b, 19 de septiembre). Brighid, the hearth goddess of Ireland. Learn Religions. https://www.learnreligions.com/brighid-hearth-goddess-of-ireland-2561958

Wigington, P. (2008a, 2 de noviembre). The Morrighan. Learn Religions. https://www.learnreligions.com/the-morrighan-of-ireland-2561971

Wigington, P. (2008b, 13 de diciembre). Cernunnos, the wild Celtic god of the Forest. Learn Religions. https://www.learnreligions.com/cernunnos-wild-god-of-the-forest-2561959

Wigington, P. (2009, 7 de agosto). Pagan gods and goddesses. Learn Religions. https://www.learnreligions.com/pagan-gods-and-goddesses-2561985

Wigington, P. (2009a, 4 de agosto). The Dagda, the father god of Ireland. Learn Religions. https://www.learnreligions.com/the-dagda-father-god-of-ireland-2561706

Wigington, P. (2009b, 5 de agosto). 10 Celtic deities you should know. Learn Religions. https://www.learnreligions.com/gods-of-the-celts-2561711

Wigington, P. (2012, 20 de junio). Resources for Celtic pagans. Learn Religions. https://www.learnreligions.com/resources-for-celtic-pagans-2562555

Wigington, P. (s. f.). The 10 Most Important Slavic Gods. ThoughtCo. https://www.thoughtco.com/slavic-gods-4768505

wikiHow. (2011, 30 de julio). How to Set up a Simple Pagan or Wiccan Altar. WikiHow. https://www.wikihow.com/Set-up-a-Simple-Pagan-or-Wiccan-Altar

Wright, M. S. (2013, 23 de enero). Ideas for Celebrating Pagan Holidays With Family and Children. Exemplore. https://exemplore.com/paganism/Imbolc-for-Pagan-Families-Ideas-for-Celebrating-with-Children

Yule / Midwinter. (2015, 27 de agosto). By Land, Sea and Sky. https://thenewpagan.wordpress.com/wheel-of-the-year/yule-midwinter/

ztevetevans. (2021, 30 de abril). Celtic lore: Cauldrons – the magical, the mythical and the real. Under the Influence! https://ztevetevans.wordpress.com/2021/04/30/celtic-lore-cauldrons-the-magical-the-mythical-and-the-real

www.ingramcontent.com/pod-product-compliance
Lightning Source LLC
Chambersburg PA
CBHW051848160426
43209CB00006B/1203